CH. LEGAY

LA QUESTION SOCIALE

L'UNIQUE SOLUTION

PARIS
GUILLAUMIN & Cie, ÉDITEURS
De la Collection des principaux Économistes, du Journal des Économistes,
du Dictionnaire de l'Économie politique,
du Dictionnaire universel du Commerce et de la Navigation, etc.
14, RUE RICHELIEU

1891

LA QUESTION SOCIALE

CH. LEGAY

LA QUESTION SOCIALE

L'UNIQUE SOLUTION

PARIS
GUILLAUMIN & Cie, ÉDITEURS
De la Collection des principaux Économistes, du Journal des Économistes,
du Dictionnaire de l'Économie politique,
du Dictionnaire universel du Commerce et de la Navigation, etc.
14, RUE RICHELIEU

1891

AVANT-PROPOS.

Lorsque j'ai abordé pour la première fois la question sociale, je n'avais pas de solution préconçue. L'examen des principes sur lesquels repose le droit de propriété m'a conduit à cette affirmation : La richesse ne confère qu'une fonction et cette fonction est un économat.

J'ai pu me convaincre, une fois de plus, que la raison, régulièrement conduite, aboutissait à l'Évangile.

J'ai senti alors très vivement la portée de ces paroles de Mgr Dupanloup : « Les principes de « l'Évangile sont loin d'avoir donné ce qu'ils con- « tiennent, et le temps même ne les épuisera jamais « parce qu'ils sont d'une profondeur infinie. Aussi,

« bien que les siècles aient tiré du principe chrétien « de la charité et de la fraternité des hommes des « conséquences qui ont changé l'ancien monde, « toutes les applications sociales de cette belle doc- « trine sont loin d'être faites, et c'est même, selon « moi, la mission propre des sociétés modernes de « faire pénétrer de plus en plus ce fécond principe « dans les lois et dans les mœurs, et d'en tirer « les conséquences politiques, économiques et « sociales qui seront l'honneur de ce siècle, s'il ne « sort pas des voies chrétiennes ».

Exposées plus brièvement qu'elles ne le sont aujourd'hui, les idées renfermées dans cette étude sur la question sociale ont été publiées tout d'abord sous ce titre : De la propriété et des devoirs qu'elle impose, *dans la* Revue catholique des Institutions et du Droit. *Elles ont provoqué des observations qui ne m'ont pas été communiquées. Ces observations ont si vivement touché la direction de la Revue qu'elle a cru devoir publier, peu de temps après avoir inséré mes articles, une* Note d'un théologien *qui, sans chercher à combattre directement les propositions que j'avais formulées, croyait utile, sinon nécessaire, d'établir l'enseignement de la morale catholique sur le sujet que j'avais traité.*

Comme j'aurais volontiers souscrit la Note d'un théologien, *je pensai que, faute de m'être expliqué suffisamment sur certains points, j'avais laissé le champ libre à des interprétations erronées. Alors, je crus qu'il était de mon devoir d'essayer de dissiper les nuages que l'insuffisance de mon travail avait pu laisser planer dans l'esprit de plusieurs lecteurs de la* Revue. *J'adressai donc un article explicatif à la* Revue catholique des Institutions et du Droit. *On l'imprima, je corrigeai les épreuves, mais, au moment de le publier, un des directeurs de la* Revue *m'écrivit que « le « Comité de rédaction ne pouvait accepter les « théories sur la propriété et les devoirs des pro- « priétaires que contenait mon étude, même en « m'en laissant la principale responsabilité ».*

Trois ans après avoir inséré mes articles, la Revue *publiait un examen critique des idées que j'avais cru pouvoir émettre. Cet examen, non pas seulement courtois, mais amical, dû à la plume exercée de M. le docteur Hélot, m'a fait sentir plus vivement la nécessité de m'expliquer devant ceux de mes lecteurs qui auraient pu partager les inquiétudes du Comité de rédaction de la* Revue des Institutions et du Droit. *C'est ce qui m'a fait entreprendre cette nouvelle publication. Les termes dans lesquels j'avais primitivement exprimé ma pensée sont restés les mêmes. Je n'ai fait que distribuer les propositions dans un meilleur ordre, à mon estime du moins, insérant dans ma première étude les explications que je voulais donner sur quelques-unes de mes propositions, insuffisamment démontrées, je l'avoue.*

L'extension qu'a prise mon premier travail expliquera, je l'espère, le titre nouveau sous lequel je présente maintenant ce travail à mes anciens lecteurs.

CHAPITRE I.

De la nécessité de s'expliquer aujourd'hui sur la question du droit de propriété.

Comment amener ceux qui détiennent les biens de ce monde à examiner les questions agitées par les deshérités d'ici-bas?

Sans s'en rendre compte, les riches, et Dieu sait si le nombre en est grand pour ceux qui n'ont rien, estiment que la discussion du droit de propriété est injurieuse pour eux. Il semble qu'on incrimine leur vie quand on aborde un pareil sujet. Leur droit est tellement évident à leurs yeux qu'ils sont convaincus que la scélératesse seule peut entamer une pareille discussion. Ne leur parlez pas davantage de leurs devoirs, en tant que riches; ils tiennent de semblables discussions pour une attaque hypocrite contre un droit qui leur paraît sacro-saint dans leur personne.

Ils ont doublement tort.

Le droit de propriété repose sur une base solide, mais qui mérite d'être examinée de près, puisque des esprits éminents se sont divisés jadis sur la détermination de cette base. L'examen auquel nous convions les détenteurs de la richesse aurait tout au moins pour résultat de leur permettre de repousser par de bonnes raisons, et non par le dédain, le sarcasme ou l'invective qui ne convertissent personne, les attaques dont le droit de propriété est aujourd'hui l'objet. Ils apprendraient, peut-être, en daignant y réfléchir, jusqu'où s'étend ce droit et comment on peut en mésuser.

Nous donnons aux déshérités de ce monde un spectacle qui doit troubler leur raison. Notre luxe, luxe d'habitation, luxe d'ameublement, luxe d'habillement, luxe de table, brave la misère et excite la convoitise. L'exemple de notre fainéantise fait paraître à l'ouvrier le joug du travail insupportable. Ce joug, il veut le secouer, ne fût-ce que pour peu de temps; ce luxe, il veut en jouir, ne fût-ce que pendant un jour.

Nous ne paraissons pas nous douter que ce sont nos comportements coupables qui ont soufflé le feu de la convoitise dans l'âme du pauvre. La convoitise, il est vrai, a toujours rongé le cœur de l'homme, mais elle n'aurait pas enfanté le communisme, le socialisme, le collectivisme et tous les systèmes qui s'en rapprochent plus ou moins, si nous ne nous étions pas montrés constamment ignorants ou contempteurs de nos devoirs.

C'est ce que je voudrais établir d'une manière irréfragable.

Qu'on ne me dise pas qu'en faisant le silence sur cette question on obtiendrait promptement un résultat que la plus solide argumentation ne saurait amener. Il semble à quelques-uns que les déshérités de ce monde, voyant leurs récriminations demeurer sans écho, finiraient par se convaincre eux-mêmes qu'ils cherchent un remède à des maux plus imaginaires que réels, ou, tout au moins, inguérissables.

Nier l'existence d'une question pour se dispenser de la résoudre est un procédé de sycophante. Il est incontestable qu'il existe parmi nous des hommes qui souffrent la faim et le froid, des hommes qui vivent dans un horrible dénûment. Si vous dites qu'il y en a beaucoup qui souffrent par leur propre faute, je ne vous contredirai pas. Beaucoup sont les victimes de la gourmandise, de l'ivrognerie, de la luxure et de la paresse. Mais à côté de ceux-là, n'y a-t-il pas des vieillards, des femmes, des enfants, des invalides, auxquels on ne peut reprocher de pareils vices et qui n'en sont pas moins plongés dans la plus profonde misère. Ne voyons-nous pas trop souvent des ouvriers valides, sobres et laborieux, réduits par le chômage à la plus cruelle situation? Pour traiter ces gens-là de malades imaginaires, il faut parler contre science et conscience.

D'autre part, affirmer qu'en faisant la sourde oreille on amènera ceux qui souffrent à croire qu'ils ne souffrent pas, ou à chercher dans l'oubli le remède aux maux qu'ils endurent, n'est, en réalité, qu'une plaisanterie déplacée.

Quant au mal en lui-même, nos pères dans la foi nous ont montré qu'il était parfaitement guérissable, et le christianisme nous offre, aujourd'hui comme il y a dix-huit cents ans, les remèdes héroïques qui doivent le faire disparaître.

Je ne m'adresse pas aux gens de parti pris, « à ces gens qui veulent d'abord, puis qui rai- « sonnent, et dont jamais la raison ne raisonne « autrement qu'ils ne veulent ». Je m'adresse aux hommes de bonne volonté qui veulent rechercher et déterminer de bonne foi les bases du droit de propriété.

Cette question, jadis agitée seulement par quelques esprits curieux, est agitée maintenant non pas par quelques rêveurs, mais par des multitudes, et il faut absolument la résoudre. Vainement on ferait appel au sabre;

il n'y a pas de sabre, si bien affilé qu'il soit, qui puisse, comme on l'a dit, couper en deux les syllogismes.

CHAPITRE II.

Définitions.

Avant tout il faut s'expliquer sur les termes qu'on emploie constamment dans une discussion de ce genre.

La définition n'est pas en honneur dans le siècle où nous sommes. Nous n'aimons pas les procédés scolastiques et nous avons une profonde horreur du *distinguo*. La langue française devait pourtant aux scolastiques cette clarté que personne ne lui contestait autrefois. Depuis qu'on ne définit plus, qu'on ne distingue plus, la langue devient louche. On entend tous les jours discuter à outrance des gens qui sont du même avis sans s'en douter. En revanche, j'oserais presque dire que quand deux Français sont aujourd'hui d'accord, il y a gros à parier qu'ils ne s'entendent pas.

Essayons de nous entendre.

Puisque nous devons parler du droit de propriété : Qu'est-ce que le droit ?

« Il en est du droit comme de l'obligation « qui lui sert de fondement, disait, il y a « quelques années, le duc de Broglie, père du « duc actuel ; c'est un fait de conscience ; c'est « un fait simple, immédiat, il se constate, il se « reconnaît; toute tentative pour en donner « une définition n'aboutirait qu'à l'emploi de « termes équivalents. »

La savante École de Droit de Paris partageait peut-être cette opinion, car on ne s'y attardait pas beaucoup, dans notre jeunesse du moins, à définir la science qui devait faire l'objet de nos études. Je serais plutôt tenté de croire cependant que nos maîtres étaient retenus par une pensée toute autre que celle qu'exprimait le duc de Broglie. L'autorité de Javolenus devait peser sur leur esprit. « En

« droit, disait ce célèbre jurisconsulte de l'an-
« cienne Rome « toute définition est péril-
« leuse, car il en est peu qu'on ne puisse dé-
« molir. *Omnis definitio in jure civili periculosa est, parum est enim ut non subverti potest.* (Fr. 202, de *Regulis juris,* 50, 17.) Je ne voudrais pas jurer que Jalovenus avait tort. Malgré tout, néanmoins, et au risque de passer pour un téméraire aux yeux des romanistes fanatiques, je veux tenter une définition.

Le droit et la ligne droite, c'est tout un. Les géomètres définissent la ligne droite : le plus court chemin d'un point à un autre. Il n'y a pas d'autre manière de définir le droit : *C'est le plus court chemin d'un point à un autre; c'est la voie la plus courte par laquelle un homme peut parvenir de son point de départ à sa fin dernière.*

La fin dernière ! Tout est là. Quand on a trouvé cette base, Cicéron le déclarait : Il n'y a plus rien en philosophie qui ne soit solidement assis : *Hoc in philosophia constituto, constituta sunt omnia.*

Nos aïeux savaient à quoi s'en tenir sur ce point. Comment se fait-il, en effet, que pour exprimer l'idée cachée sous le mot droit, ils n'aient pas conservé le mot *jus*, en le transformant comme ils ont transformé les vocables latins qui constituent le fond de notre langue? — Il y a là matière à de curieuses recherches. — Ce qu'il y a de certain, c'est que ce mot ne leur donnait pas satisfaction. *Jus*, qui a la même racine que *Jubeo*, c'est l'injonction que le fort adresse au faible. Quand on a compris que la source des lois ne jaillissait pas de la volonté de l'homme fort, on est allé demander à une autre racine l'expression d'une idée que le mot *jus* ne parvenait pas à rendre. Le mot droit *(directum?)* élève la pensée bien au-dessus de la sphère bornée où ce mot *jus* la tenait enfermée.

Aurions-nous donc aujourd'hui une notion moins exacte du droit que ne l'avaient nos aïeux?

La loi est la réalisation du droit sous une forme concrète. La loi détermine la ligne droite que l'homme doit suivre, en tant qu'être moral, pour parvenir à sa fin. La loi positive est au droit ce que la règle du géomètre est à la ligne droite. Elle doit déterminer le droit comme la règle du géomètre doit déterminer la ligne droite. Elle est une imparfaite image de la loi éternelle, du droit immuable, comme la règle de bois ou de fer est une imparfaite image de la droite idéale.

Quand vous obéissez à la loi, quand vous serrez d'aussi près que possible cette règle qui détermine le droit comme la règle du géomètre détermine la ligne droite, vous êtes justes.

Transportez, en effet, aux êtres spirituels et libres l'idée de justesse qui s'applique aux êtres matériels, vous avez la justice. Justice n'est que justesse.

On ne peut pas faire des lois à son gré, et les gens dont parle M. Taine, qui croient faire des lois quand ils alignent des phrases, sont, en vérité, comme il le dit, des imbéciles. Ils ressemblent à un ouvrier qui s'imaginerait qu'il peut fabriquer une règle en n'obéissant qu'à son caprice. La ligne droite est antérieure à la règle, et il faut savoir la déterminer pour fabriquer la règle. Si vous taillez un morceau de bois au hasard et qu'il présente une succession de lignes brisées, ou une courbe, ou une série de courbes, vous aurez beau l'appeler une règle, ce ne sera qu'un mauvais outil qui déjouera tous les calculs et qui ne donnera que des résultats désastreux.

Si vous n'avez pas découvert le droit naturel, antérieur et supérieur à toute convention, si vous n'avez pas découvert cette ligne droite sur laquelle l'homme doit s'avancer pour atteindre sa fin, n'essayez pas d'édicter des lois. Vos prétendues lois ne seront pas plus des lois que le morceau de bois courbe dont nous parlions n'est une règle. Vos prétendues lois déjoueront, elles aussi, tous les calculs, et ne donneront que des résultats désastreux.

Puisque la loi est une règle fondée sur la nature immuable des choses, tout aussi bien que les principes de l'arithmétique et de la géométrie, il s'ensuit qu'à proprement parler on ne la fait pas : *On la découvre.* Une loi qui trace à l'homme sa conduite, qui consacre le droit et met la force à son service, est la solution d'un problème de pure science.

Il en est des lois de la conduite humaine comme de toutes les lois, avec cette différence, toutefois, que les erreurs, quand il s'agit des premières, font courir à la société de grands dangers. Qu'un savant s'imagine de faire tourner le soleil autour de la terre, il ne changera pas les rapports qui dérivent de la nature des choses. Ptolémée et Tycho-Brahé n'empêcheraient pas, avec leurs prétendues lois, la terre de tourner autour du soleil. Il n'en va pas de même avec les soi-disant législateurs. Ceux-ci s'attaquent à des volontés libres qui peuvent s'écarter de leur fin. En imposant leurs caprices aux volontés libres, ils parviennent à faire plier les âmes débiles sous la règle fausse qu'ils imposent; ils détournent de leurs fins dernières un grand nombre d'hommes, et les fondements de la société sont ébranlés.

Tout s'enchaîne.

Si la loi n'est qu'un problème de pure science, *elle ne se vote pas.*

Prenons une loi scientifique quelconque : *Les carrés des temps des révolutions des planètes autour du soleil sont comme les cubes de leur distance moyenne à cet astre.* — Concevez-vous un homme refusant d'accepter cette loi tant qu'elle n'aura pas été votée par le peuple ou les représentants du peuple !

Qu'on nous permette d'insister sur ce point.

Il y a bon nombre de problèmes scientifiques dont la solution préoccupe beaucoup les hommes de notre siècle. Si l'on émettait la pensée de faire nommer par le suffrage universel une assemblée de cinq à six cents membres, gens de toute espèce, auxquels on donnerait la mission de résoudre ces problèmes à bref délai, on passerait pour un mauvais plaisant. L'auteur de cette mauvaise plaisanterie finirait par se faire enfermer dans une maison de fous pour peu qu'il s'obstinât à se prendre au sérieux. — Quand il s'agit, cependant, de la découverte de certaines lois qui doivent régir les actes humains, lois tout aussi difficiles à découvrir que celles qui font l'objet des sciences mathématiques et physiques, personne, pour ainsi dire, ne recule devant cet abominable bouffonnerie. On trouve tout naturel de demander la solution à jour fixe des plus formidables problèmes de législation, à des vaudevillistes, à des ciseleurs sur métaux, à des cabaretiers, et quand ces outrecuidants citoyens, qui ne comprennent même pas le plus souvent les données du problème, ont aligné des phrases sur la matière, on appelle ces phrases une loi, et les auteurs de ces phrases s'appellent eux-mêmes des législateurs..... tout comme Moïse.

L'insanité des gens qui ont imaginé cette manière de procéder finira, j'espère, par éclater. Le jour où les hommes seront, en grande majorité, convaincus de cette vérité qui me semble palpable, le parlementarisme, soit dit en passant, sera bien malade. Ce qui ne veut pas dire qu'on n'aura plus ni députés, ni sénateurs. On ne leur donnera plus de problèmes de législation à résoudre; voilà tout. On leur demandera seulement ce que la nation peut et veut sacrifier de ses biens pour les choses d'intérêt commun, et ils auront encore un assez lourd fardeau pour leurs épaules.

Il suffit de considérer l'odieuse masse de notre *Bulletin des lois* pour être convaincu de la vérité des propositions que nous venons d'avancer : « Pourquoi tant de lois, disait le « comte de Maistre; c'est parce qu'il n'y a « point de législateurs. »

Tous les jours on nous fait la loi; c'est vrai, mais cela ne veut pas dire qu'on ait découvert une loi. C'est par suite d'un quiproquo qu'on prend pour des législateurs les gens qui nous font la loi.

Tous ces préliminaires ne sont pas inutiles. Sachant exactement ce que c'est que le droit, ce qu'est la loi, convaincu que ni l'un ni l'autre n'est à la merci d'un caprice, le lecteur comprendra que si l'appropriation individuelle des choses créées est fondée en droit, toute injonction qui sera la négation de cette vérité ne sera pas une loi, une véritable loi. Deux points sont nécessaires, nous le savons, pour déterminer une ligne droite, mais entre deux points, nous le savons également, on ne peut mener qu'une *seule* droite. Le droit, dit Confucius, ne saurait varier de l'épaisseur d'un cheveu. Bossuet a dit plus excellemment : Il n'y a pas de droit contre le droit. — Un parlement, ramassis d'imbéciles et de coquins, pourra faciliter aux voleurs les moyens de dépouiller ceux qui possèdent, mais il ne pourra pas faire que les voleurs aient le droit d'être des voleurs. Les pouvoirs publics se faisant les complices du brigandage, ce sera l'effondrement de la société, car une société ne peut subsister sans lois. Mais ces aberrations ne peuvent avoir qu'un temps.

D'où il suit que, si les propriétaires ont de justes sujets de crainte pour eux-mêmes, la propriété, dès lors qu'elle constitue véritablement un droit, n'a pas grand'chose à redouter, et que le plus important n'est pas de multiplier les raisons en sa faveur, mais de préciser les abus qui fomentent les haines auxquels les propriétaires sont en butte.

CHAPITRE III.

De la propriété individuelle.

La propriété individuelle repose-t-elle véritablement sur le droit ? — Telle est la première question que nous avons à résoudre.

Nous sommes tenus de conserver la vie qui nous a été donnée. La conservation de l'existence, dans les limites du temps pour lequel elle nous est donnée, est une loi de la création animée. Cette loi se manifeste instinctivement dans toute créature ; aussi ne fait-elle doute pour personne.

Il est non moins évident que l'appropriation est la condition expresse de la vie des êtres organisés.

Nous ne pouvons conserver notre vie qu'en nous unissant, en nous incorporant certaines choses créées. Nous devons donc nous approprier les choses dont nous avons besoin pour soutenir notre vie. J'ai le droit, par conséquent, de cueillir le fruit qui n'appartient à personne, de poursuivre un animal sauvage et de m'en emparer. Quand j'ai cueilli ce fruit, quand je me suis emparé de cet animal dont j'ai besoin pour me nourrir, j'en deviens propriétaire. J'ai le droit d'empêcher tout autre d'en jouir et d'en disposer. Des objets qui doivent être unis si étroitement à nous ne peuvent être unis à aucun autre.

L'occupation est la base du droit de propriété. Mais comme il n'y a pas d'occupation sans un acte humain, sans travail, il faut reconnaître que le droit de propriété repose tout à la fois et sur l'occupation et sur le travail (1).

(1) L'importance du rôle que joue le travail dans le fait de l'occupation n'a pas échappé aux légistes. L'article 552 de notre Code civil dit : « La propriété du sol emporte la propriété du « dessus et du dessous », mais le législateur se hâte d'ajouter :

Peut-on conclure de ce que nous venons de dire que l'homme qui a le droit de s'approprier les fruits de la terre, les animaux sauvages, tout ce qui est nécessaire, en un mot, à sa vie, a le droit de s'approprier la terre elle-même?

Pourquoi pas?

Nous ne sommes pas de purs esprits. Nous occupons une place dans l'espace, et un abri,

« Sauf les modifications résultant des lois et règlements relatifs aux mines ». Or ces lois et ces règlements proclament que les richesses souterraines n'appartiennent pas de plein droit aux propriétaires de la surface. Et pourquoi? — C'est, disent les juristes que le propriétaire qui n'a effectivement occupé que la superficie du sol ne peut arguer d'aucun travail sur les matières souterraines. Elles n'ont acquis aucune valeur par son fait. L'or recélé dans la mine qui se trouve sous les pieds de ce propriétaire n'a pas plus de valeur parce qu'il se trouve sous une terre bien cultivée que celui qui se trouve sous un terrain inculte. Tout ce que peut exiger le propriétaire de la superficie d'un sol qui recèle une mine, c'est qu'on ne le trouble pas dans la propriété de la surface qu'il occupe, ou qu'on l'indemnise si, pour cause d'utilité publique, on le prive d'un avantage légitimement acquis.

Qu'on ne vienne pas parler de la redevance de o fr. o5 ou de o fr. 10 par hectare qu'obtient, dans la plupart des cas, le propriétaire de la surface, c'est « un simple coup de chapeau à l'article 552 du Code Napoléon », disait Michel Chevallier; ce n'est pas un hommage sérieux au droit de propriété, tel qu'il est constitué par les articles 544 et 552.

grotte, cabane ou maison, ne nous est guère moins nécessaire que ne le sont les aliments eux-mêmes. Deux hommes ne peuvent pas plus occuper une même place, dans un même moment, qu'ils ne peuvent s'incorporer le même aliment. D'où la nécessité pour l'homme de s'approprier un coin de terre. Cette appropriation est une condition essentielle de la vie animale, condition essentielle à tel point qu'on trouve, je ne dirai pas la notion, mais l'instinct de la propriété du sol chez les animaux qui ont tous leur repaire ou leur nid.

Condamner d'ailleurs l'homme à vivre au jour le jour, ce serait le mettre souvent dans l'impossibilité de conserver la vie qui lui a été donnée. Les biens nécessaires à la conservation de l'existence ne sont pas, dans nos climats, tellement abondants, aujourd'hui surtout que la famille humaine est si nombreuse, qu'on puisse n'avoir aucun souci du lendemain. En s'accroissant, le nombre des individus fait qu'il n'y a plus d'existence possible pour le genre humain si la terre reste abandonnée à sa fertilité naturelle. Il faut que le travail de la veille prépare la subsistance du jour. Ce n'est pas assez dire, car la terre ne produit pas d'un jour à l'autre les choses nécessaires à la vie, et c'est par des années de labeur qu'il faut souvent acheter ce qu'elle donne.

L'homme défoncera donc un coin de terre que personne n'avait encore occupé, il l'ensemencera, le défendra par une clôture contre les animaux malfaisants, y creusera un puits ou une citerne et y construira une cabane. Qui pourrait prétendre que quelqu'un a le droit de l'en expulser sans compensation?

On peut ajouter que, quand au sein d'une peuplade vivant sur un territoire abandonné à sa fertilité naturelle des individus s'approprient certaines parties du sol au moyen de la culture, non seulement ils n'empiètent pas sur la part des autres, mais ils renoncent à la plus grande partie de ce qui leur était nécessaire autrefois pour leur subsistance.

En effet, réduit à vivre de la cueillette des fruits qui croissent spontanément, de poisson ou de gibier, un homme a besoin pour subsister de plus de quatre kilomètres carrés de terrain. Si, en s'appropriant la centième partie de cette étendue de terre, cet homme en obtient plus de subsistances que la totalité n'en produisait et se contente de cette centième partie, il augmente ainsi l'espace réservé aux hommes de la peuplade à laquelle il appartient, et, loin d'être un usurpateur, il est le bienfaiteur de cette peuplade.

Remarquez que tous les hommes sont égaux en temps qu'hommes, et qu'il est bien certain qu'aucun de nous n'est obligé de travailler pour autrui sans être rémunéré de son travail. Si vous me contestez mon droit de propriété sur ce coin de terre, si vous prenez ma place sans me donner une compensation, j'aurai travaillé pour vous, c'est-à-dire pour autrui, contre mon gré; je serai volé, et vous serez le voleur. Toutes les prétendues lois qu'on pourrait édicter n'y changeraient rien.

Le fruit que la nature produit spontanément et que vous cueillez, l'animal sauvage dont vous vous emparez à la chasse, ne sont pas plus votre œuvre que ce coin de terre n'est la mienne. Si ce fruit, si cet animal peuvent vous appartenir privativement, ce coin de terre peut m'appartenir au même titre. La nécessité de m'en emparer pour conserver ma vie ne permet pas de critiquer mon appropriation.

C'est donc à tort que Bossuet disait : « Otez « le gouvernement, la terre et tous ses « biens sont aussi communs entre les hommes « que l'air et la lumière ». Tout gouvernement étant détruit, le droit subsiste. Cela suffit pour que la terre et tous ses biens ne soient pas aussi communs entre les hommes que l'air et la lumière. Je n'ai pas besoin, pour conserver ma vie, de disputer aux autres hommes l'air et la lumière; je ne puis donc leur contester, à aucun titre, l'usage de cet air qu'ils respirent, de cette lumière dans laquelle ils se meuvent. Mais ôtez tout gouvernement, je ne cesse pas d'avoir besoin, pour vivre, de cueillir ce fruit, de m'emparer de cet animal, de cultiver ce coin de terre, et cette nécessité justifiera toujours ma prétention de posséder privativement le fruit que j'ai cueilli, l'animal que j'ai pris à la chasse, la terre qui n'appartient à personne et que j'ai mise en culture.

Ceux qui, comme Bossuet, voient dans le gouvernement le principe du droit de propriété, sont impuissants à expliquer comment le droit de propriété que les nations s'attribuent sur le sol qu'elles occupent découle d'un pareil principe. Il n'y a pas de gouvernement qu'on sache qui ait distribué la terre aux différents peuples. La propriété nationale, cependant, n'est attaquée par personne. C'est qu'on sent bien que si on dépouillait une nation du territoire qui lui est propre, on la détruirait. La propriété nationale est légitime, parce qu'elle est nécessaire ; il en est de même de la propriété individuelle. La société domestique, antérieure à la société civile ne peut se passer du droit de propriété indispensable à sa conservation.

Le droit de propriété, antérieur par conséquent à la société civile, n'a pas son fondement dans les lois écrites. Il ne dérive pas du consentement des hommes, et les hommes, qui ne l'ont pas constitué, essaieraient en vain de se soustraire à la nécessité qui l'impose.

Qu'on fasse valoir tant qu'on voudra, d'autre part, les prétendus avantages de la communauté, cela n'intéresse en rien le droit de propriété individuelle. Ce droit, contemporain des premiers hommes, antérieur à la société politique qui ne l'a pas constitué, ne peut être violé par elle sans injustice. Se mette en communauté qui voudra, on ne pourra jamais équitablement, sans une juste et préalable indemnité, me dépouiller de ce qui m'appartient pour en faire la chose de tous.

Toutes les terres, il est vrai, ne sont pas susceptibles d'appropriation individuelle. Là où la terre, comme dans le steppe, ne se prête pas à la culture, la jouissance en commun s'impose. La nature du sol, la densité d'habitants pour une surface donnée, rendent nécessaire ou utile tel ou tel mode d'appropriation. Nécessité fait loi. J'écris en France pour des Français et non pas pour des Mandchoux, pour le temps où nous vivons et non pour tous les temps, et il me suffit que ma proposition soit vraie dans ces conditions.

Soit, dit-on; j'ai le droit de m'emparer des choses qui sont *nécessaires* à la conservation de mon existence. Le droit de propriété s'impose parce qu'il est nécessaire; mais il n'est nécessaire que dans une certaine mesure, dans la mesure de nos véritables besoins. Au delà de cette mesure, il ne doit pas être permis de s'approprier la terre et les biens qu'elle renferme. Nul n'a le droit de s'approprier des biens *superflus*.

On répond que personne n'a le droit de se plaindre de ce qu'un homme s'empare de biens qui n'appartiennent à personne.

Cela est vrai tant que, dans une région accessible, il reste des biens sans maître dont un pauvre peut s'emparer. Lorsque tout est approprié, le pauvre ne peut-il pas dire à ceux qui détiennent tout : En vous appropriant des choses qui ne sont pas nécessaires à vos besoins, vous m'empêchez, sans nécessité, de m'emparer de ces mêmes choses. La nécessité justifie l'occupation, et vous n'aviez pas le droit de vous emparer de ces biens, vous qui n'en aviez pas rigoureusement besoin. Le droit de propriété repose sur l'occupation, l'occupation sur la nécessité. Quand il n'y a pas de nécessité, l'occupation n'est qu'une usurpation, car elle me prive de biens dont je ne puis me passer. Je suis frustré de ce qui devait m'appartenir.

Cependant, au moment où un homme, qui n'est en concours avec aucun autre homme, s'approprie des biens qui n'appartiennent à personne, l'acte qu'il accomplit ne constitue pas une faute. Loin de là; c'est une bonne action. Il n'y a pas d'occupation sans travail, et le travail qui constitue l'occupation produit des valeurs. Ce fruit que j'ai cueilli, cet animal que j'ai pris à la chasse, ce coin de terre que j'ai mis en culture, ont presque toujours une valeur qu'ils n'avaient pas avant mon occupation. Si un homme crée des valeurs par son travail, c'est un fait heureux pour tous et il a le droit d'en profiter le premier. S'il n'en profitait pas, il aurait travaillé pour autrui contre son gré, ce qui serait inique. Du moment où il ne peut pas profiter de son travail sans jouir de la chose à laquelle son travail s'est incorporé, il faut bien lui accorder sur cette chose un droit. La richesse, d'ailleurs, n'est possible qu'à cette condition. Qui dit richesse, dit abondance de biens.

Cette abondance est utile, elle est bonne.

Faites que l'homme en soit réduit à lutter sans cesse pour la vie, jamais il ne parviendra à modifier les conditions de son existence, jamais il ne fera ces découvertes d'où il résulte que le plus pauvre, parmi nous, est mieux défendu contre la faim, la soif et les intempéries des saisons que n'importe quel chef d'une peuplade sauvage. Les sciences ne se développent que chez les peuples où la richesse permet à un certain nombre d'hommes de se livrer à l'étude sans souci de la vie de chaque jour. D'un autre côté, les grandes entreprises qui améliorent le sort de tous ne peuvent être tentées que par la richesse. Des hommes réduits à travailler sans cesse pour gagner leur pain quotidien peuvent à peine les rêver.

Ces raisons tirées de l'*utilité* de la richesse

pour la société toute entière, justifient suffisamment l'occupation des biens superflus.

Le droit de propriété repose donc sur une double base : la *nécessité* et l'*utilité*.

La *nécessité* justifie l'occupation des agents naturels dont nous ne pouvons nous passer pour conserver notre vie.

L'*utilité* est le principe sur lequel repose le droit d'occupation des biens superflus.

Cette théorie n'est pas neuve.

J.-B. Say la professait. « La terre, disait-il, « est un atelier chimique admirable..... mais « certains hommes s'en sont emparés..... et, « chose étonnante, le privilège usurpé, loin « d'avoir été funeste à la communauté, s'est « trouvé lui être avantageux. »

Joseph Garnier, à son tour, ne craint pas de dire en parlant de l'appropriation de la terre : « Ce n'est qu'un monopole toléré dans l'in- « térêt de tous. »

Hier encore, un de nos plus célèbres économistes, M. Paul Leroy-Beaulieu, écrivait : « Il ne faut pas oublier que la raison princi- « pale, la justification de la propriété privée,

« c'est l'accroissement de la production des « denrées agricoles ». Autrement dit : c'est l'utilité générale.

CHAPITRE IV.

Définition du droit de propriété.

Notre globe a été créé pour tous les hommes. C'est une proposition que personne n'a encore été tenté de contredire. Là où la terre et les biens qu'elle renferme ont été appropriés par quelques-uns, ceux qui n'ont pas une part de la terre, une part des biens dont elle est la source, n'en ont pas moins le droit de vivre. Il faut donc que, dans une région complètement occupée, le pauvre puisse se procurer, en travaillant, les choses nécessaires à la vie. Il ne peut pas demander qu'on lui procure les moyens de vivre dans l'oisiveté, car dans une région inoccupée, il ne pourrait, sans travail, subvenir à ses besoins.

Si le pauvre vit dans une région où la terre et tous les biens sont appropriés, il résulte de ce que nous venons de dire que les propriétaires qui détiennent la terre, qui détiennent les biens dont elle est la source, doivent en procurer la jouissance au pauvre, directement ou indirectement, peu importe, mais doivent lui en procurer la jouissance dans une certaine mesure. Ils ne peuvent pas lui refuser les instruments indispensables de la production sans se rendre coupables de meurtre.

Qu'on n'aille pas conclure de cette proposition que nous soutenons le droit au travail, tel que Louis Blanc l'avait rêvé.

Je m'explique.

Dans notre pays de France où il n'y a pas de biens sans maître, si ceux qui sont propriétaires refusaient unanimement à ceux qui n'ont rien tout moyen d'user, à quelque prix que ce fût, de ce qu'ils possèdent, il est clair que ce refus équivaudrait à l'extermination des pauvres. Or, il est très certain que le pauvre a le droit de vivre tout aussi bien que le riche; donc, on ne peut lui dénier *un certain droit* sur les biens à l'aide desquels il peut conserver sa vie. Par suite, quand tous ces biens sont appropriés, force est d'avouer qu'ils sont grevés d'une sorte de servitude personnelle au profit de ceux qui en sont absolument deshérités.

Ceux qui méconnaissent le certain droit en question lui font parfois de singulières concessions. Les juristes ne veulent pas en entendre parler ; néanmoins, par une inconséquence assez remarquable, pas un d'eux n'ose soutenir que le glanage n'est qu'une tolérance et qu'on pourrait le supprimer sans injustice. Le glanage, disent-ils, est un *droit* qui appartient aux pauvres, par cela seul qu'ils sont pauvres. Un arrêt du 17 décembre 1844 de la Cour de cassation de Belgique affirme cette doctrine avec une clarté parfaite. « Attendu, dit cet arrêt, que l'usage de glaner, généralement admis dans le ci-devant duché de Brabant, y était considéré comme un *droit* accordé aux habitants pauvres de chaque commune......; que le glanage n'était pas une simple faveur que le propriétaire ou le fermier pouvait accorder ou refuser à son gré, mais qu'il constituait un véritable droit auquel ils étaient tenus de se soumettre lorsqu'il s'exerçait dans les limites et de la manière prévue par les règlements.... ; Attendu que le Code pénal en consacrant le glanage comme un *droit* n'est pas introductif d'un *droit* nouveau, mais ne fait que maintenir et conserver ce *droit* tel qu'il existait antérieurement, sans y rien changer ni innover...... etc. »

Notre jurisprudence française est conforme à la jurisprudence belge. Chez nous, comme en Belgique, les pauvres ont un droit indéniable sur la propriété rurale. C'est à tort qu'on a prétendu, comme l'a fait M. Hélot dans la *Revue des Institutions et du Droit*, que « l'origine du droit de glanage vient de ce « que les épis perdus et abandonnés par le « propriétaire n'appartiennent plus à per- « sonne et sont, en réalité, le bien du premier « occupant ». Personne, ajoute M. Hélot, ne peut contester au propriétaire « le droit pri-

« mitif et naturel de récolter tous les épis « pour son compte. »

Je n'ai pas la prétention d'exposer ici l'histoire et la théorie du glanage, du râtelage et du grapillage. Qu'on me permette seulement de faire remarquer que nos lois sur le glanage sont la négation même d'un pareil système. Le propriétaire n'est pas libre, après l'enlèvement de sa récolte, de recueillir si bon lui semble les épis échappés à la main de ses moissonneurs. Du moment où les récoltes sont enlevées, le *droit* du pauvre est ouvert, et il n'appartient à personne, *pas même au propriétaire*, de l'en priver. Que le propriétaire s'avise de conduire son troupeau dans ses champs immédiatement après la moisson et il sera poursuivi et puni en vertu des dispositions de l'article 22 de la loi du 28 septembre-6 octobre 1791. D'ailleurs les épis échappés à la main du propriétaire ne sont pas *res nullius;* on ne peut pas dire qu'ils n'appartiennent à personne. N'a pas le droit de les ramasser qui veut. L'article 10 de l'édit du mois de novembre 1554, encore en vigueur, ne permet de glaner qu'aux « gens vieils ou débilitez de membres, petits enfants ou autres personnes qui n'ont pouvoir ni force de seyer ».

Le *Deutéronome* (c. xxiv, v. 19), il y a plus de trois mille ans, a consacré le glanage. Il est vrai que le législateur hébreu n'entendait pas précisément le droit de propriété comme l'entend l'article 16 de la Constitution du 24 juin 1793, voire même comme l'entend l'article 544 du Code civil.

Cette digression n'a d'autre but que de montrer aux juristes, qui acceptent débonnairement les théories et le langage à l'aide desquels la jurisprudence soutient le droit de glanage, qu'ils ont grand tort de jeter les hauts cris quand ils entendent affirmer le droit des pauvres sur les biens appropriés. Il n'y a là rien d'inouï.

Le droit du pauvre repose, comme le droit de propriété, sur la nécessité : la nécessité de conserver sa vie.

Du reste la doctrine que nous essayons de soutenir a été clairement quoique implicitement affirmée par nos théologiens et nos anciens jurisconsultes dans la solution de cette question fameuse : Est-il permis à un homme qui se trouve dans une *extrême* (1) nécessité de s'emparer pour subvenir à ses besoins d'une chose dont un autre est propriétaire?

Les philosophes pharisiens de ces derniers temps répondent négativement à cette question. Nos anciens jurisconsultes déclaraient, au contraire, que l'homme qui était dans une *extrême* nécessité avait le droit de prendre, là où il les trouvait, les choses qui lui étaient nécessaires pour soutenir sa vie. Ils faisaient exception à cette règle dans le cas où celui qui

(1) Il y a nécessité et nécessité. Les moralistes et les jurisconsultes distinguent trois sortes de nécessités: L'*extrême* nécessité, la nécessité *grave* et la nécessité *commune*. On entend par extrême nécessité la situation d'un homme en danger soit de perdre la vie, soit de perdre un membre essentiel, ou qui court le risque de contracter soit un mal inguérissable, soit une maladie tout au moins dangereuse, et qui n'a pas à sa disposition les moyens de se délivrer du péril dont il est menacé. Tout ce que nous disons ici ne s'applique qu'à l'extrême nécessité. Le pape Innocent XI a condamné cette proposition : Il est permis de s'approprier le bien d'autrui, non seulement dans une nécessité extrême, mais dans une grave nécessité.

Nous n'entendons soutenir ni directement, ni indirectement l'erreur condamnée par le Saint-Siège.

aurait été dépouillé se serait trouvé, lui aussi, dans une *extrême* nécessité, parce que alors on ne lui aurait pas disputé seulement une part de ce qui a été donné à tous, mais on lui aurait arraché la vie. De terribles criminalistes, comme Jousse et Muyart de Vouglans, n'hésitaient pas sur ce point. L'article 166 de la Caroline formule ce droit en termes précis, et il est également consacré par l'article 1115 du Code prussien.

Prenons un exemple pour montrer qui a raison des pharisiens modernes ou des théologiens suivis jadis par nos jurisconsultes.

Un naufrage donne un compagnon à un Robinson quelconque dans son île. Nos pharisiens modernes contestent à ce nouveau venu le droit de prendre pied dans l'île malgré Robinson. Nous supposons, bien entendu, une île assez petite pour que Robinson l'ait effectivement occupée toute entière. Suivant ces philosophes, qui se piquent de raisonner rigoureusement et qui accusent nos théologiens de faire du sentiment, le nouveau venu est tenu de se rejeter à l'eau si Robinson n'a pas la charité de l'accueillir.

Ce sont les pharisiens qui raisonnent mal.

L'ilot n'a pas été créé que je sache uniquement pour Robinson. Le nouveau venu a le droit de vivre tout comme le premier occupant, et, s'il peut, en travaillant, vivre dans l'ile, sans enlever à Robinson le moyen d'y vivre lui aussi, il a le droit d'imposer à ce dernier sa présence, même par la force. Il doit conserver sa vie, et, en agissant autrement, il ne remplirait pas son devoir. Peut-être que la présence du second naufragé nécessitera de la part du premier des efforts plus soutenus pour subvenir à ses besoins, mais, quand il en serait ainsi, cela n'infirme en rien la solution. Il n'y a que ceux qui transforment la propriété en je ne sais quel droit à la paresse qui peuvent être touchés par une pareille considération. La terre est un appareil créé pour nos besoins et non pas pour nos vices. Puisque Robinson et son compagnon peuvent vivre tous deux en travaillant sur l'îlot, c'est que les biens originairement départis à Robinson existent en quantité supérieure aux besoins avouables de ce dernier. Robinson a des biens *superflus*.

On oublie trop aisément sur quel principe repose le droit d'occupation des biens superflus. Cependant la distinction qu'il faut faire entre les biens nécessaires et les biens superflus est capitale, et cela, non pas seulement en moral, mais en droit.

Que Robinson ait un droit sur les valeurs par lui créées, je n'y contredis pas. Il ne s'ensuit pas néanmoins qu'il ait un droit exclusif sur les choses elles-mêmes auxquelles son travail s'est appliqué. Ce droit exclusif, on ne le lui dénie pas quand il s'agit des choses nécessaires à la vie, mais pour les choses superflues on ne peut pas raisonner de la même façon.

L'occupation des biens superflus repose, non pas sur la nécessité, mais sur l'*utilité*. Cette occupation des biens superflus n'est permise que parce qu'elle est utile. Robinson, qui n'a pu s'approprier des biens superflus que pour la plus grande utilité de tous, ne remplirait pas, dans l'espèce que nous imaginons, les conditions qui seules justifient son droit de propriété, s'il n'usait pas de son superflu pour conserver la vie du compagnon que la Providence lui a envoyé. Cet emploi de son superflu peut seul justifier son droit de propriété sur tous les biens qui ne lui sont pas nécessaires.

C'est la doctrine même de saint Augustin. « *Male autem possidet qui male utitur,* » disait cet illustre Père de l'Église : « Celui-là détient sans droit la richesse qui en fait un mauvais usage. »

Mais que faites-vous, dira-t-on, du droit que vous reconnaissez à Robinson sur la valeur qu'il a créée par son travail ? Cette valeur ne peut pas être séparée de la chose modifiée, transformée par le travail. En vous emparant de la chose, vous vous emparez, en même temps, de la valeur qui lui a été donnée, vous profitez du travail d'autrui.

Je n'en disconviens pas. Malgré cela, néanmoins, la justice n'est pas violée.

L'occupation des choses superflues n'est licite qu'autant qu'elle est tout au moins utile. Elle cesse d'être utile dans notre hypothèse ;

loin même d'être utile elle est aussi nuisible que possible; par conséquent le droit de propriété que pourrait revendiquer celui qui détient la chose manque de base. Le malheureux, qui est dans un état d'extrême nécessité, ne sera pas condamné à périr en présence d'une chose qu'il a le droit d'occuper puisqu'elle n'est pas justement appropriée.

Rien, dans tout cela, ne permet de supposer qu'il soit licite, en aucun cas, de vivre sans travail et surtout de s'enrichir aux dépens d'autrui. Ma seule prétention, en ce moment, est d'établir que notre droit de propriété sur une chose ne nous permet pas d'exclure *absolument* tout autre du droit d'en user.

Il faut distinguer. Si cette chose nous est nécessaire pour soutenir notre vie, oui, nous pouvons exclure tout autre du droit d'en user; si, au contraire, elle ne nous est pas nécessaire, notre droit cesse d'être exclusif.

Dans ces conditions, deux droits appartenant à des personnes différentes se trouvent en concours sur les mêmes biens, *il est impossible qu'ils ne se limitent pas réciproquement.*

Qu'on ne se hâte pas toutefois d'imaginer, comme on l'a fait, que l'indigent peut toujours se faire justice à lui-même et qu'il lui est loisible de s'approprier le bien d'autrui en dehors du cas d'extrême nécessité.

Si l'homme qui vit en société pouvait, dans tous les cas, se faire justice, ç'en serait fait de la paix sociale. Mais, de ce qu'on n'a pas le droit, par exemple, dans le cas de nécessité grave, de s'emparer de la propriété du riche, il ne s'ensuit pas que le riche qui refuse à l'indigent, en pareille occurrence, tout droit à l'usage des biens superflus qu'il détient, ait une notion exacte des devoirs qui lui incombent et que la justice sociale ne puisse pas le contraindre à remplir des devoirs qu'il viole outrageusement.

Pour tout ce qui excède nos besoins, l'occupation nous donne un droit sur l'étendue duquel les propriétaires s'abusent étrangement. Ils envisagent le droit de propriété comme les païens l'envisageaient. L'esprit du droit romain n'a pas cessé de nous opprimer, et ce détestable esprit s'est fait le complice de la concupiscence inhérente au cœur de l'homme. Nous sommes si bien entrés dans les maximes du droit romain, que ni la raison, ni l'Évangile, n'ont pu nous en dépêtrer. Nous croyons encore comme les vieux Romains que la propriété est le droit en vertu duquel une chose se trouve soumise d'une manière absolue et exclusive à la volonté et à l'action d'une personne. Nous disons que le propriétaire jouit de sa chose comme il veut et même, si cela lui plaît, d'une manière abusive. Nous avons même pris les mots dans un sens différent de leur acception. Abuser, dans la langue du droit, n'est pas synonyme de mésuser, mal user. Abuser, c'est détruire une chose par l'usage qu'on en fait. Nous avons fini par nous persuader que nous avions le droit de mésuser des choses qui nous appartenaient.

Les choses susceptibles d'appropriation sont pour nous des *biens*, comme pour les Romains. On ne s'est pas décidé à écarter de notre langue le mot *bona*, comme on écartait le mot *jus*. « J'oserais quasi assurer, a dit Bossuet, que c'est quelque mauvais démon qui voulant rendre la pauvreté tout à fait insupportable a trouvé le moyen d'attacher aux richesses tout ce qu'il y a d'honorable et de plaisant dans le monde : c'est pourquoi notre langue ordinaire les nomme *biens*, d'un nom général parce qu'elles sont l'instrument commun pour acquérir tous les autres. » — En réalité, nous avons fini par nous persuader que les choses susceptibles d'appropriation sont des *biens*, « parce que ces choses nous rendent heureux, parce qu'elles nous béatifient, *ex eo quod beant, hoc est beatos faciunt*, comme on le voit au Digeste (Fr. 49, de V. S. 50, 16).

Tout cela est profondément déraisonnable, n'en déplaise aux gens qui se targuent d'avoir le sens commun.

Pour dissiper tout malentendu, reprenons notre démonstration.

En France, aujourd'hui, les agents naturels sont tous appropriés. Il n'y a pas de biens sans maître. Je laisse de côté les calculs des statisticiens sur le nombre des propriétaires. Ces calculs reposent sur une base qui manque de solidité. Quoique les chiffres indiscutables fassent défaut, nous pouvons admettre cependant, sans risque de nous tromper, qu'en France, sur 38,218,903 habitants, il y en a bien 10,000,000 qui sont à peu près dénués de tout et qui n'ont d'autres ressources pour vivre que leur travail de chaque jour. M. de Foville, qui ne badine pas avec les chiffres, me paraît adopter ce nombre approximatif, dans un remarquable article de l'*Economiste français* sur *L'effectif réel du prolétariat en France*. Personne ne conteste que ces 10,000,000 de prolétaires ont le droit de vivre.

De quoi vivront-ils?

De leur travail, dit-on. — C'est entendu; mais pour travailler, répond un prolétaire, il faut que la matière ouvrable soit à ma disposition. Or, toute cette matière ouvrable est appropriée en France. Misérable prolétaire, à quoi me sert, à moi, le droit de vivre que vous me concédez si vous ne m'accordez pas un certain droit sur le merveilleux appareil créé par Dieu pour les besoins de tous ses enfants. M'octroyez-vous uniquement le droit de vivre de l'air du temps, comme on dit vulgairement ? C'est le droit de mourir de faim. La concession ne serait qu'une atroce moquerie.

En fait, je le reconnais, si le prolétaire a besoin que la matière, sans laquelle il ne saurait exercer utilement son activité, soit mise à sa disposition, les propriétaires, de leur côté, ont besoin de main-d'œuvre pour conserver et accroître la richesse, et, parfois, la demande de main-d'œuvre est supérieure à l'offre. Malheureusement, il n'en est pas toujours ainsi. Le chômage n'est pas un vain mot et ses terribles effets ne sont que trop connus de nos populations ouvrières. Supposons, pour serrer de près la question, que le travail fait absolument défaut.

Si, par suite, le pauvre se trouve dans le cas d'*extrême* nécessité, pas de difficulté. Inutile de revenir sur ce point : le pauvre peut user du bien d'autrui, quand c'est un bien superflu, dans la mesure nécessaire pour se délivrer de cette nécessité.

Il faut supposer, pour avancer dans la discussion, que le pauvre, au lieu d'être placé dans le cas d'extrême nécessité, se trouve sous le coup d'une *grave* nécessité, d'une nécessité *pressante*, comme disaient nos moralistes du XVIIe siècle. Dans cette hypothèse, je ne fais aucune difficulté de reconnaître que le pauvre n'a pas le droit de faire main basse sur le bien d'autrui. S'ensuit-il, pour cela, qu'aucun droit sur les agents naturels appropriés ne milite en sa faveur?

Si on ne rencontrait pas dans nos richesses cet élément : une matière créée par Dieu pour tous les hommes, aucun *devoir de justice* ne nous incomberait au regard du prolétaire ; mais quand une partie de nos richesses provient d'un fonds commun à tous les hommes, je ne puis admettre qu'un certain nombre de ceux qui ont droit à ce fonds commun en soient privés sans compensation. Ce droit au fonds commun est inaliénable, car, de même qu'on ne peut pas aliéner sa vie, on ne peut pas aliéner les moyens de la conserver. On ferait alors indirectement ce qu'on n'a pas le droit de faire directement.

Il n'en serait pas de même si les agents naturels susceptibles d'appropriation n'étaient pas tous appropriés. Les hommes étant égaux en tant qu'hommes, et nul n'étant obligé de travailler pour autrui, il est clair qu'aucun devoir de justice ne m'obligerait, dans ce cas, envers mes semblables. N'ayant rien à eux, je ne serais tenu à aucune compensation envers eux. Nous n'en sommes pas là dans notre France. Tous les moyens de production sont aux mains d'une partie seulement des habitants du territoire; j'en conclus que ces derniers sont tenus par un devoir de justice envers ceux qui sont déshérités de ces moyens de production.

On ne veut pour rien au monde, je le sais, être tenu par un devoir de justice envers le pauvre. Que ne sommes-nous dans la terre des herbes, dans les forêts du Nouveau-Monde? Là, le fonds commun, d'où chacun doit tirer sa subsistance, est accessible à tous. Les riches ne le détenant pas tout entier, on pourrait m'amener à confesser qu'ils ne sont astreints envers les pauvres qu'à des devoirs de charité. Nous ne sommes, Dieu merci, ni des Mongols, ni des Iroquois; partant, malgré mon désir de ne choquer personne, il m'est impossible d'être logique et de déclarer qu'en bonne justice nous ne devons rien aux pauvres qui ne peuvent attendre quelque chose que de notre charité.

C'est là une de ces vérités dont on ne se plaît guère à entendre parler, mais qui ne cessent pas pour cela d'être des vérités. Dans cet exposé de doctrine, mon tort, si c'en est un, est de mettre en forme, tant bien que mal, un argument dont on néglige ordinairement de donner les prémisses, et d'essayer de faire apparaître dans tout son jour, comme une obligation étroite et rigoureuse, ce qu'on aime à considérer comme une œuvre de surérogation.

Il est nécessaire d'insister et j'insiste. Je reprends pour plus de clarté l'exemple dont je me suis déjà servi.

Le nouveau venu qu'un naufrage amène dans l'île de Robinson doit s'estimer heureux que ce dernier se soit approprié l'île toute entière. Grâce à cette appropriation, Robinson a des biens superflus et peut lui subvenir dans l'état d'extrême nécessité auquel il est réduit. Ce nouveau venu, cet espèce de Vendredi que nous imaginons, aurait peut-être été condamné à mourir de faim si Robinson n'était pas sorti de l'état d'*extrême* nécessité dans lequel il s'était trouvé tout le premier au moment de son naufrage. Grâce aux richesses de Robinson, si minces qu'elles soient, grâce à ce qu'il s'est approprié des biens superflus, notre Vendredi, lui, ne connaîtra pas les tortures de la faim. Premier bienfait de la richesse.

Vendredi n'est plus dans cet état d'extrême nécessité qui permet de faire main basse, dans une certaine mesure, sur le bien d'autrui, mais il se trouve dans cet état de nécessité *pressante* qui, pour peu qu'on le délaisse, fera bientôt place, une seconde fois, à l'état d'extrême nécessité.

Quel est le devoir de Robinson !

Robinson n'est plus tenu d'abandonner gratuitement ce qui lui appartient. Dans les conditions où sont placés nos deux naufragés, la justice commutative exige que l'un rende à l'autre l'équipollent de l'assistance qu'il lui donnera. Vendredi qui a besoin d'être assisté ne peut offrir, évidemment, en échange de l'assistance que Robinson *doit* lui donner, tel ou tel genre de travail. Imaginez, en effet, que nos deux naufragés sont des civilisés, et que, pour payer Robinson de son assistance, Vendredi, qui est un savant ou un artiste, lui propose de lui enseigner le sanscrit ou de le divertir en pinçant une guitare de sa façon. Robinson a le droit de ne pas vouloir se payer de cette monnaie. Il exigera, sans que Vendredi puisse moralement s'en défendre, le genre de travail qui peut offrir quelque utilité dans les conditions où il se trouve. Il dira : Mon garçon, prend cette pioche et défonce ce coin de terre ; en un mot, il commandera le travail; et voilà Vendredi subordonné par suite à Robinson. C'est là ce que beaucoup de partisans du droit au travail ne veulent pas comprendre. Ils se croient hommes d'État, philosophes, orateurs, poètes, peintres, musiciens, et ils n'entendent mettre au service du public que les talents dont ils se targuent. S'ils sont dans le dénûment, ils ne peuvent s'en prendre qu'à eux-mêmes. Pourquoi ces malheureux ont-ils l'insolence de vouloir contraindre leurs semblables à estimer leurs facultés intellectuelles au prix auquel leur vanité les estime? On ne vaut que ce qu'on peut honnêtement gagner, et il faut que chacun soit assez juste pour se résigner à fournir, en échange des choses ou des services qu'il demande, les choses ou les services qui sont demandés. Il n'y a pas de condition vile, d'occupation dégradante; il n'y a que le vice et la lâcheté qui dégradent l'homme.

On aperçoit comment la hiérarchie sociale découle du droit naturel. C'est un rapport qui dérive de la nature des choses. La hiérarchie sociale naturelle, dont nous signalons une des sources, prévaudra toujours, soit dit en passant, contre cette prétendue hiérarchie qu'une coalition de la paresse, de l'orgueil, de l'astuce ou de la force brutale, essaie perpétuellement de nous imposer.

Robinson n'aura pas le droit d'exiger que le service qu'il réclamera de Vendredi dépasse celui qu'il rendra. S'il n'y avait pas équivalence entre les services rendus, le droit serait violé, soit d'un côté, soit de l'autre.

D'une part, Vendredi n'a pas le droit d'exproprier Robinson de tout ou partie de son îlot, car, en agissant de la sorte, il s'approprierait le travail d'autrui et ce serait un vol.

D'autre part, Robinson, qui n'a pu que dans un but d'utilité s'approprier des agents naturels en quantité plus considérable que celle nécessaire pour la satisfaction de ses besoins, ne peut pas accaparer pour lui seul ces agents naturels. Il est étroitement tenu de faire tourner cette appropriation au bien général. Constitué, par la force des choses, le patron de l'homme qui lui a été donné pour compagnon dans son île, Robinson a bien le droit de commander le travail de cet homme, mais, en conscience, il n'est pas libre de commander tel ou tel travail (1). Naturellement

(1) Les biens nécessaires à la vie sont, en général, constitués tout à la fois et par les agents naturels et par le travail. Comme

investi d'une *fonction* par le seul fait de l'accaparement des agents naturels nécessaires à tous, Robinson est chargé de pourvoir aux éventualités que l'avenir réserve à la société très rudimentaire qui se trouve, sans pacte aucun, nécessairement constituée. Le devoir de sa charge est par cela même clairement déterminé. Robinson doit avoir pour but d'obtenir du travail qu'il est appelé à commander le meilleur profit possible, non pas seulement pour lui, mais, dans l'espèce, pour son compagnon comme pour lui.

Si les biens de la terre doivent subvenir aux besoins de tous les hommes, il est facile de

ces deux éléments de la richesse sont en quantité limitée, l'homme ne peut en abuser sans porter atteinte à la vie humaine.

Si nous abusons du travail humain pour satisfaire notre gourmandise, notre mollesse ou notre vanité, nous tarissons une des deux sources d'où découlent les biens nécessaires à tous. Au lieu de produire ce qui est nécessaire à la vie, ce dont les hommes ne peuvent être privés sans une souffrance réelle, et de contribuer ainsi à la conservation de l'espèce humaine, le travail, détourné de son but, ne contribue qu'à l'atrophie de l'espèce et devient homicide. L'histoire de tous les temps et de toutes les nations nous montre que le mauvais luxe, dont nous parlerons plus loin, est le plus sûr agent de destruction des peuples.

5

voir que ce but peut être atteint sans que tous deviennent propriétaires des instruments de production. Le but en question serait atteint, moins sûrement, comme on peut le pressentir, si la terre était partagée par portions égales entre les hommes. La hiérarchie naturelle que le travail intelligent et la tempérance font surgir, ne se produisant plus, la terre ne donnerait pas ce qu'elle donne et la misère l'envahirait bien autrement qu'elle ne l'envahit.

Plus funeste encore serait la propriété collective, comme nous le verrons plus loin, car, à la hiérarchie naturelle, elle substituerait une hiérarchie factice. La masse, dans toutes les nations, serait absolument livrée aux bandes de misérables qui, au lieu de s'adresser à la raison du peuple, s'adressent à ses passions et les exploitent.

Après ces explications, nous pouvons risquer notre définition de la propriété : *C'est le droit de jouir de la manière la plus absolue des choses* NÉCESSAIRES *à la satisfaction de nos véritables besoins et de régir, voire même d'aliéner, au mieux des interêts généraux, les choses qui, dans notre avoir, constituent des biens* SUPERFLUS.

CHAPITRE V.

Trois objections.

I.

Ceux qui, parmi nous, sont assez largement pourvus des biens de la terre pour redouter l'application des théories socialistes, et qui, d'autre part, ne veulent pas se soumettre aux lois de l'Évangile, sentent tout le parti qu'on peut tirer du fait de l'accaparemeut du sol par un nombre d'hommes relativement petit. Ils comprennent que pour échapper aux inéluctables conclusions qu'impose la logique, il faut faire un effort désespéré et nier nos prémisses.

Ils n'ont pas reculé devant cette extrémité.

A les entendre, la terre et tout ce qu'elle renferme, autrement dit : les agents naturels, ne seraient pas des facteurs de la richesse. Les choses matérielles ne vaudraient que par l'utilité que le travail leur communique. Un homme occupe un terrain qui recèle de la houille, la houille n'est rien, c'est l'extraction qui en fait la valeur. Ils raisonnent de même pour les prairies, les champs arables, les forêts; tout cela n'a de valeur, disent-ils, que par l'exploitation, par le travail.

La plupart des économistes, et particulièrement M. Gide, professeur d'économie politique à la Faculté de droit de Montpellier, ont mis à néant cette étrange prétention. « Bien souvent, dit ce dernier, la terre s'offre à nous vierge de tout travail, et néanmoins on ne saurait mettre en doute ni son utilité, ni sa valeur. Nous n'avons qu'à jeter les yeux autour de nous pour voir, dans nos campagnes, des forêts, des prairies, des étangs poissonneux, des landes mêmes, et plus près de nous, dans nos villes, des emplacements à bâtir qui n'ont jamais été effleurés par la bêche ou la charrue, et qui néanmoins se vendent ou se louent souvent à haut prix. Même pour les terrains qui ont subi l'action du travail, on ne saurait contester raisonnablement qu'ils n'aient le plus souvent une valeur indépendante de ce travail et qui subsisterait alors même que les terrains seraient ramenés à l'état de nature. Prenez quelques milliers d'hectares en France où vous voudrez, dépouillez-les par la pensée de tous les travaux dont ils ont été l'objet, imaginez qu'ils se retrouvent dans l'état où ils étaient il y a dix mille ans, et demandez à tout homme raisonnable s'il pense que ces terrains n'auraient aujourd'hui ni utilité, ni valeur, s'ils ne pourraient trouver ni acquéreurs, ni fermiers, et s'ils ne constitueraient pas une fortune pour l'heureux mortel à qui ils seraient attribués. »

C'en est assez, ce me semble, pour prouver que les agents naturels sont des facteurs de la richesse. Dire que les choses matérielles ne valent que par l'utilité que le travail leur communique, c'est dire tout simplement que toute chose dont on ne tire aucun parti ne sert à rien. Cela ne constitue pas un principe. C'est une vérité de La Palisse, une niaiserie, et, si laborieusement qu'elle soit présentée, elle ne prouve pas que les agents naturels qui sont des outils n'ont aucune valeur. La houille, les métaux, la terre arable, sont, en effet, pour l'homme des instruments de travail, de véritables outils.

Parmi ces outils, les uns évidemment valent mieux que les autres. Mes bras ne valent pas mieux que les vôtres, mais j'ai eu le bon esprit ou la chance de mettre à leur service un outil, un instrument de travail, supérieur à celui dont vous usez; mes bras, secondés par cet instrument de travail, me donneront des richesses que vous n'obtiendrez pas dans les conditions où vous êtes placé. « Un cultivateur, comme disait, avec juste raison, J.-B. Say, est un fabricant de blé qui parmi les outils qui lui servent à modifier la matière dont il fait son blé emploie un grand outil que nous avons nommé un champ. » Nous sommes cultivateurs tous deux, seulement j'habite le Vexin normand et vous habitez la Champagne pouilleuse; il est clair qu'avec la même somme de travail, le même capital, la même habileté, j'obtiendrai, bon an mal an, sur les dix hectares que je cultive en blé des récoltes supérieures en quantité et en qualité aux récoltes que vous pourrez obtenir sur pareille étendue de terrain. C'est la valeur de l'agent naturel, à n'en pas douter, qui sera la cause de la supériorité de rendement dont je parle, et il me paraît impossible de soutenir, en pareille occurrence, que le travail est l'unique facteur de la richesse qui m'advient en sus de celle qui vous advient à vous-même.

Si, d'ailleurs, les agents naturels ne valaient que par l'utilité que le travail leur communique, on n'échapperait aux conséquences de la vraie définition du droit de propriété que pour se heurter à d'autres conséquences très redoutables pour les détenteurs de ces agents naturels. On est conduit nécessairement à admettre, dans ce cas, que les cinquante francs, par exemple, prix d'une tonne de houille, ne représentent que la rémunération des travaux qui ont amené ce charbon dans la cave du consommateur. Les propriétaires de la plupart de nos charbonnages seraient alors de vrais brigands. Prenons un actionnaire de Courrières. Son action lui a coûté, il y a une trentaine d'années, 300 fr.; elle vaut aujourd'hui 42,625 fr. — Si la houille n'est rien, si l'extraction seule en fait la valeur, il est clair que les dividendes touchés depuis trente ans et les 42,325 fr., plus-value de chacune des actions, représentent, en grande partie, les spoliations dont auraient été victimes les travailleurs qui ont mis cette houille sous la main des consommateurs. Dans ce cas, Karl Marx aurait raison, et il faudrait dire, avec lui : « Le grand capital actuel s'accroît chaque jour par l'appropriation indue d'une partie non payée de la journée de l'ouvrier. »

Admettons, au contraire, ce qui me paraît une vérité palpable, que la houille ait une valeur; on comprend que cette valeur soit attribuée à ceux qui ont risqué leurs capitaux pour contribuer aux recherches qui ont amené l'exploitation. Des hommes consentent à perdre leurs capitaux si les recherches sont vaines, à eux le gain si les recherches sont couronnées de succès. Le profit de l'actionnaire n'est pas prélevé sur les produits du travail, mais sur la valeur de la houille, sur la valeur de l'agent naturel.

Si la plus-value de l'action de Courrières n'est prise que sur la valeur de la houille, de quoi peuvent se plaindre les travailleurs qui ont extrait cette houille? Rien n'est pris sur les salaires qui leur étaient dus et ils devraient se tenir pour contents du travail lucratif que leur ont procuré les actionnaires en hasardant leurs capitaux.

Il reste acquis, cela dit, que les richesses ont un double facteur : les agents naturels et le travail.

II.

On reconnaît généralement que le droit de propriété individuelle repose sur les bases que presque tous les économistes indiquent et que je n'ai fait qu'indiquer après eux. Chacun répète volontiers que l'appropriation de la terre est un monopole toléré dans l'intérêt de tous ; mais quand je soutiens, par suite, que la propriété du superflu manque de base, du moment où le riche, propriétaire de ce superflu, cesse d'en user utilement, on refuse de faire route avec moi.

Vainement j'ai fait appel à l'autorité de saint Augustin ; on soutient que j'abrite à tort ce qu'on appelle ma théorie, sous l'autorité de ce grand docteur.

J'avais emprunté, en effet, et j'emprunte encore à la CLIII[e] lettre de Saint Augustin, lettre adressée à Macedonius, cette belle sentence : *Male autem possidet qui male utitur*, en traduisant ainsi ces quelques mots : Celui-là détient sans droit la richesse qui en fait un mauvais usage.

« Traduire *Male possidere* par posséder « sans droit, c'est forcer un peu le sens du « latin et la pensée du docteur, » dit, dans la *Revue catholique des institutions et du droit*, mon très bienveillant contradicteur M. Hélot, et il ajoute : « Saint Augustin veut dire sim- « plement que la richesse étant donnée à

« l'homme pour son bien et celui de ses sem-
« blables, l'individu qui s'en sert pour *faire*
« *le mal*, la détourne de sa fin et conserve *à*
« *tort*, mais non *sans droit*, ces biens *qui ne*
« *lui appartiennent pas pour mal faire*.

« Il eût été plus simple de dire qu'*il en usait*
« *illégitimement*. Le grand docteur s'est laissé
« séduire par l'antithèse (forme oratoire dont
« il abuse quelquefois). Sa pensée y perd de sa
« clarté et de sa précision ; elle se prête peut-
« être à une interprétation équivoque, mais,
« en réalité, ni Saint Augustin, ni aucun
« théologien n'ont prétendu qu'en abusant ou
« en usant mal de sa fortune, on cessait pour
« cela d'en être légitime propriétaire ou qu'un
« tiers y avait quelque droit. »

Examinons si j'ai *forcé* le sens du latin et si j'ai fait dire à saint Augustin autre chose que ce qu'il voulait dire.

Voici le passage où sont enchassés les mots dont j'aurais mal saisi le sens : *Hoc enim certe alienum non est quod jure possidetur; hoc enim jure quod juste; et hoc juste quod bene. Omne igitur quod male possidetur, alienum est; male autem possidet qui male utitur. Cernis, ergo, quam multi debeant reddere aliena, si vel pauci, quibus reddantur, reperiuntur.....*

Je traduis quasi mot pour mot : « Ce qu'on possède par droit n'appartient certainement pas à autrui, or on possède par droit ce qu'on possède justement et on possède justement ce qu'on possède bien. Donc tout ce qu'on possède mal est à autrui, et celui-là possède mal qui fait un mauvais usage de ce qu'il possède. Vous voyez donc quelle masse de gens doivent rendre le bien d'autrui, encore bien que le nombre de ceux qui se trouvent avoir droit à une restitution soit petit. »

Si ce qu'on possède bien est ce qu'on possède justement, et si ce qu'on possède justement est ce qu'on possède par droit, il est évident que ce qu'on possède bien est ce qu'on possède à bon droit.

En revanche, ce qu'on possède mal est ce qu'on possède injustement, et ce qu'on possède injustement est ce qu'on possède sans droit. Donc, posséder mal, c'est posséder sans droit.

J'ai rendu par conséquent très exactement la pensée de saint Augustin en traduisant le *Male autem possidet qui male utitur,* par ces mots : Celui-là détient sans droit la richesse qui en fait un mauvais usage.

Si j'avais moins écourté ma citation, j'aurais certainement évité toute difficulté. Les mots que j'ai cités sont précédés de ces autres mots significatifs : « *Tout ce qu'on possède mal est à autrui,* » et ils sont suivis de cette phrase non moins significative : « Vous voyez donc « quelle masse de gens doivent *rendre le bien* « *d'autrui* encore bien que le nombre de ceux « qui se trouvent avoir droit à une restitution « soit petit. »

La pensée de saint Augustin ne manque ni de clarté ni de précision, et j'ai peine à croire qu'après un examen plus approfondi la *Revue des Institutions et du Droit* persiste à soutenir que l'évêque d'Hippone ne prétendait pas « qu'en abusant ou en usant mal de sa fortune, « on cessait pour cela d'en être légitime pro-

« priétaire ou qu'un tiers y avait quelque « droit. »

Le paradoxe, si paradoxe il y avait, serait, en tout cas, un paradoxe de saint Augustin. Mais rien n'est moins paradoxal que ce prétendu paradoxe. Le riche n'est riche que par l'occupation de biens superflus. Cette occupation n'est licite qu'autant qu'elle a lieu pour l'utilité de tous. Si le riche fait un mauvais usage de ses biens, l'occupation cesse d'être utile et par conséquent d'être licite ; dès lors sa propriété manque de base; il possède le bien d'autrui.

Bien vieille, du reste, est la question que nous agitons. Le protestant Barbeyrac, dans son *Traité de la morale des Pères de l'Église*, publié en 1738, et mis à l'Index à Rome, a débattu violemment le point de doctrine que nous débattons en ce moment.

« Le droit que les hommes ont sur leurs « biens, disait-il, n'est fondé en aucune ma- « nière sur le bon usage qu'ils en peuvent « faire. Au contraire, cet établissement si né- « cessaire pour la tranquillité de la société

« humaine donne par lui-même à chacun une « pleine liberté de disposer de son bien comme « il le jugera à propos, et par conséquent d'en « *mal user*, s'il veut, pourvu qu'il ne le fasse « pas d'une manière qui donne atteinte aux « droits d'autrui et qui cause quelque dom- « mage aux autres. »

C'est exactement la thèse que soutient aujourd'hui la *Revue catholique des Institutions et du Droit.*

Le savant bénédictin, Dom Remi Ceillier, dans son *Apologie de la morale des Pères de l'Église contre les injustes accusations du sieur Jean Barbeyrac, professeur en droit à Groningue,* répondait : « Dieu, qui est l'auteur et « le distributeur de tous les biens, ne les « donne à personne pour en mal user. D'où « il s'ensuit que ceux qui les ont reçus peuvent « bien les considérer comme étant à eux pour « en faire un bon usage, mais qu'ils doivent « au contraire les considérer comme n'étant « pas à eux pour en faire un mauvais usage, « et compter que s'ils viennent à les mal « employer, en tout ou en partie, ils en ren-

« dront compte à Dieu, comme d'un bien qui, « en ce cas, ne leur appartient pas, mais dont « ils étaient obligés de disposer, soit en faveur « des pauvres, soit autrement, pour quelque « utilité publique ou particulière. »

Malgré toute la réserve qu'apporte Dom Ceillier dans l'exposition de la doctrine de saint Augustin, Barbeyrac ne se laisse pas amadouer. « Les explications de Dom Ceillier, « suivant lui, ne lèveraient qu'une très petite « partie de l'*absurdité* et des inconvénients « *horribles* du principe de saint Augustin. » « Y a-t-il rien, s'écrie-t-il, qui soit plus con- « traire au droit naturel, rien qui fût plus « capable de rendre la religion chrétienne « odieuse aux infidèles et de leur faire regarder « les chrétiens comme les gens les plus dan- « gereux du monde. » Il ajoute même un peu plus loin : « Je pourrais dire bien d'autres « choses pour faire sentir de plus en plus la « confusion et la fausseté des principes per- « nicieux de saint Augustin. Mais en voilà de « reste. »

Il eût été fort embarrassé, je pense, de dire

quelque chose de sensé pour faire sentir la prétendue fausseté des principes de saint Augustin. Ses affirmations gratuites ne me paraissent pas de nature à faire la moindre impression sur quiconque ne prend pas d'impudentes injures pour des raisons.

Rien ne prouve, j'en conviens, que Rome ait condamné Barbeyrac précisément pour la doctrine qu'il professe sur l'étendue du droit de propriété. Aussi, je n'entends pas me prévaloir de la condamnation dont il a été l'objet pour soutenir que la *Revue catholique des Institutions et du Droit* pourrait bien ne pas être orthodoxe. Tout ce que je veux retenir de la discussion de Barbeyrac et de Dom Ceillier, c'est qu'en présence d'une pareille polémique il est absolument inexact d'affirmer « qu'en « réalité ni saint Augustin, ni aucun théolo- « gien n'ont prétendu qu'en abusant ou en « usant mal de sa fortune on cessait pour cela « d'en être légitime propriétaire et qu'un « tiers y avait quelque droit. »

En réalité, il faut retourner de fond en

comble la proposition que je viens de rapporter.

Cela bien établi, je ne puis dissimuler que je me sens plus rassuré en répétant ce qu'a dit Saint Augustin et en suivant les errements de son docte apologiste Dom Ceillier que je ne le serais en la compagnie de Barbeyrac et de la *Revue catholique des Institutions et du Droit.*

Une autre considération me donne confiance. J'aurais été bien aise, pour ma petite part, de pouvoir donner raison à Barbeyrac et à mes contradicteurs. Il est très désagréable d'apprendre que le droit de propriété ne donne pas, par lui-même, à chacun, une pleine liberté de disposer de son bien comme il le juge à propos, et par conséquent d'en mal user à l'occasion. Ce n'est donc pas la passion qui entraîne ma raison dans la voie qu'elle embrasse.

III.

De ce qu'on n'a pas le droit, dans le cas de nécessité grave de s'emparer de la propriété du riche, ai-je dit, il ne s'ensuit pas que le riche qui refuse à l'indigent, en pareille occurrence, tout droit à l'usage des biens superflus qu'il détient, ait une notion exacte des devoirs qui lui incombent et que la justice sociale ne puisse pas le contraindre à remplir des devoirs qu'il viole outrageusement.

Dans son article publié par la *Revue des Institutions et du Droit*, M. Hélot n'admet pas que l'État puisse intervenir en pareil cas, et il me pose cette question : « Comment ce droit « que vous retirez à chacun des individus qui « composent l'État pourrait-il devenir un des « attributs de la collection toute entière? » Puis il cite un assez joli paralogisme de Bastiat.

Ne croirait-on pas, à première vue, que M. le docteur Hélot est un disciple de J.-J. Rousseau et qu'il accepte les principes du contrat social ?

Voyez où conduit un pareil point de départ.

Les malheureux qui sont sous le coup d'une nécessité pressante et non pas dans un état d'extrême nécessité ne peuvent faire main basse sur le bien d'autrui. La société, pour subvenir aux besoins des pauvres, n'a pas plus de droits sur les biens des riches que les pauvres n'en ont eux-mêmes. Elle doit donc s'abstenir de taxer les riches pour, à l'aide des ressources qu'elle parviendrait à leur arracher, subvenir aux nécessités pressantes des malheureux.

De ce que je méconnais à l'homme, en société, le droit de se faire justice à lui-même, dans le cas qui nous occupe, vous ne pouvez pas en conclure que je dénie tout droit à cet homme sur les biens qui appartiennent à autrui. Je ne suis pas illogique en réservant au pouvoir social le droit d'*exercer* une action dont je dénie simplement l'*exercice* aux individus, à cause du trouble qui en résulterait infailliblement.

Le pouvoir social vient de Dieu et non des hommes. Ai-je besoin de le prouver ?

Rien de plus facile.

Tout ce qui est une loi de la nature est une loi de Dieu. Or, la société civile est une loi de la nature et le pouvoir est une nécessité de la société. Le genre humain, fût-il d'accord, ne pourrait pas établir qu'il n'y aura plus de chefs, ni de gouvernements. Donc le pouvoir vient de Dieu.

Si la société court à sa ruine parce que les riches ne remplissent pas leurs devoirs envers les pauvres, le gouvernement a non-seulement le droit, mais le devoir de recourir à la contrainte pour ordonner des aumônes. Ce n'est pas le peuple qui confère à l'autorité un pareil pouvoir, c'est Dieu, c'est la Raison suprême.

Qu'on n'aille pas croire pour cela que je suis un partisan quand même de la taxe des pauvres. Je ne la regarde que comme une nécessité transitoire dont il faut essayer de s'affranchir par des mœurs plus chrétiennes. Tout ce que je veux dire, c'est qu'on ne doit pas considérer comme un abus, comme une injustice, la contrainte dont peut être amené à user, dans des conditions données, le pouvoir public, pour obliger les riches à remplir leurs devoirs envers les pauvres.

CHAPITRE VI.

Des conséquences de l'exacte définition du droit de propriété.

Les objections écartées, la définition du droit de propriété que j'ai cru pouvoir risquer, en dépit de Javolenus, reste toute entière debout. Ses conséquences atteignent tous ceux qui possèdent les biens de ce monde et il n'y a pas lieu de s'arrêter, comme quelques-uns ont cru pouvoir le faire, aux distinctions établies entre les différentes espèces de biens.

Je n'ai parlé jusqu'ici que de la propriété du sol parce que la propriété territoriale est la plus vivement attaquée. Il suffisait d'en prouver la légitimité pour établir par *à fortiori* la légitimité du droit de propriété sur les meubles. L'homme n'a pas plus créé les meubles par nature que le sol lui-même. Quant aux choses qui constituent des meubles par la destination de la loi et qui sont énumérées dans l'article 529 du Code civil, n'est-il pas évident que ceux qui en sont propriétaires ne peuvent être placés dans d'autres conditions que les propriétaires d'immeubles ou de meubles par nature?

Qu'est-ce donc que ce papier qui constitue la richesse d'un si grand nombre de nos contemporains? — Ce papier, ces titres, constatent des obligations. Or, le droit positif, l'article 2092 de notre Code civil, nous dit que quiconque s'est obligé personnellement est tenu de remplir ses engagements sur tous ses biens mobiliers et immobiliers, présents et à venir. Les biens d'un débiteur, dit encore l'article 2093, sont le gage commun de ses créanciers. Au fond, ce qui constitue la véritable richesse du porteur de titres, c'est le gage sans lequel le titre ne serait guère qu'un chiffon de papier, et ce gage ne peut être, en fin de compte, rien autre chose que des immeubles ou des meubles par nature. Les richesses dont sont investis les porteurs d'actions, d'obligations, de rentes, ne diffèrent pas de celles dont sont investis ceux qui détiennent les immeubles et les meubles par nature, et les droits qu'ils peuvent invoquer ne sont pas plus absolus que ceux qui appartiennent à leurs débiteurs.

Les croupiers des monopoleurs ne peuvent pas être placés dans d'autres conditions que les monopoleurs eux-mêmes.

Les devoirs qui incombent aux propriétaires du sol incombent par conséquent à tous ceux qui ont du superflu, à tous les riches.

Si notre définition du droit de propriété est exacte, voilà le rôle du riche qui devient tout autre que le rôle qu'il s'attribue communément.

Pour lui, tout n'est pas profit, et la richesse entraîne des devoirs auxquels il ne peut pas se soustraire sans improbité.

Nous n'avons le droit de jouir de la manière la plus absolue des choses qui nous appartiennent qu'autant qu'elles sont nécessaires à la satisfaction de nos véritables besoins. Il faut donc que, dans chacune des conditions de la vie, la raison de l'homme préside à la détermination de ses besoins.

La *tempérance* est un devoir pour tous ceux qui détiennent les biens de la terre.

Nous ne pouvons pas user à notre gré des biens superflus. Nous devons les régir et les aliéner, si besoin est, au mieux des intérêts généraux. Une régie nous incombe, c'est-à-dire une fonction.

Nous sommes donc tous condamnés au *travail,* tous sans exception.

Outre ces deux devoirs, les riches sont tenus au devoir de l'*aumône.*

Il nous faut passer maintenant en revue ces trois devoirs pour montrer comment et dans quelles limites la justice nous les impose.

I.

La Tempérance.

La tempérance n'est pas seulement un devoir envers nous-mêmes, c'est en même temps un devoir de justice envers nos semblables.

En effet, nous ne pouvons rien créer; nous ne pouvons que transformer, et, pour transformer une chose quelconque, il faut que nous nous en emparions. L'occupation d'une chose créée pour subvenir aux besoins de tous les hommes est le préliminaire obligé de toute transformation. Or, l'occupation ne se justifie que par la *nécessité* de nous incorporer, de nous unir les choses créées pour soutenir notre vie.

Quand nous avons satisfait à cette nécessité, l'occupation cesse d'être légitime à moins qu'elle ne puisse se justifier par *l'utilité* qui doit en résulter pour tous.

Si, sans nécessité, comme sans utilité pour

nous ou nos semblables, nous rendons les biens de la terre impropres à leur destination, nous détruisons, dans la mesure où l'homme peut détruire, ce que nous n'avons pas le droit de détruire.

Nous causons à autrui un préjudice dont nous lui devons la réparation.

Notre méchante action ne nous expose peut-être pas à une répression légale, mais il ne faut pas en conclure que nous ne sommes pas, en pareil cas, de malhonnêtes gens. Nous échappons à la répression, parce que, par un motif d'ordre général, il est plus expédient de tolérer l'abus que de le réprimer. Il y a des méfaits dont la constatation et, par suite, la répression échappent à la vindicte publique. Les moyens d'investigation de la puissance sociale, nécessairement bornés, imposent à son action des limites qu'elle ne peut franchir sans se perdre.

Ce qu'il y a de certain, c'est que la conscience publique se soulève lorsque la violation de la règle que nous venons de poser dépasse certaines bornes.

Un jeune homme avait trouvé neuf, il y a quelques années, de faire laver sa chambre au vin de Champagne, et il était enchanté de lui-même après cet exploit fameux qui lui avait procuré l'inappréciable avantage de faire parler de lui. — Il y a quelques mois un pauvre ouvrier verrier donnait un spectacle analogue. Il faisait verser dans une cuvette du vin de champagne à six francs la bouteille pour prendre un bain de pied. Ce fût, on s'en souvient, un *tolle* général.

Pourquoi cette révolte universelle?

Tout le monde sent donc instinctivement que le droit de propriété ne permet pas de jouir et de disposer des choses de la manière la plus absolue. Oui, tout le monde le sent, et l'esprit de système a dû plier devant le sentiment général.

Jadis, sous la pression de l'opinion publique, les rédacteurs du Code civil ont du s'infliger à eux-mêmes un cruel démenti. La logique les avait conduits, en rédigeant le projet de Code civil, à abandonner les errements de l'ancien droit qui autorisait la nomination d'un conseil judiciaire aux prodigues. Donner un conseil judiciaire aux prodigues, c'était porter atteinte tout à la fois à la liberté individuelle et au droit de propriété tel qu'on se proposait de le définir. Le prodigue jouit de toutes ses facultés intellectuelles; il jouit de son libre arbitre. Il faudrait l'interdire s'il en était autrement. Dans ce cas, le principe de la liberté individuelle serait sauf, car l'interdiction qui s'applique au fou ne porte pas atteinte à la liberté, puisque le fou n'est pas un être libre, puisque le fou ne jouit pas de son libre arbitre. Aucun juriste, et avec juste raison, n'assimile la prodigalité à la folie.

Lier les mains d'un prodigue, c'est donc porter atteinte à la liberté individuelle. Je prends, bien entendu, ce mot liberté dans le sens où on le prend communément. C'est porter atteinte, en même temps, au droit de propriété tel que les païens le comprennent.

Sans souci de la logique, le Conseil d'État pensa qu'il fallait édicter pour les prodigues des dispositions spéciales, et les rédacteurs du Code civil, de guerre lasse, se prêtèrent à cette mesure, laissant aux futurs commentateurs le soin de concilier, tant bien que mal, les contradictions auxquelles ils se résignaient.

Les commentateurs se sont tirés d'affaire en éludant la question. Ils affirment sèchement que nos législateurs, en portant secours aux prodigues, loin d'attenter au droit de propriété, ont, au contraire, très sagement protégé les intérêts du prodigue lui-même et ceux de sa famille et ceux de l'État.

Avec eux je dirai très volontiers, pour ma part, que « la loi ne doit pas tolérer des dé-« penses désordonnées, au jeu, en festins, en « habits, en chevaux, en ameublements, en « présents frivoles ou honteux, des construc-« tions voluptuaires et extravagantes, de « vaines et folles profusions enfin, *sans* « *aucun résultat utile, ni pour la société, ni* « *pour l'individu* » (1).

Tout le monde n'est cependant pas de cet avis et je me reprocherais de ne pas citer sur ce point l'opinion très nette de M. Paul

(1) Demolombe, t. VIII, § 592.

Leroy-Beaulieu : « Les prodigues sont tou-
« jours, dit-il, des oisifs héréditaires dépour-
« vus en général de tout goût noble et élevé,
« ne considérant la fortune que comme l'ins-
« trument d'égoïstes jouissances. En vérité,
« quelle utilité trouve l'Etat à faire inter-
« venir la loi pour conserver cette classe d'o-
« pulents et vicieux désœuvrés (1) »?

Malgré la très grande autorité de M. Leroy-Beaulieu, je me range résolument du côté des commentateurs de notre Code civil. Que les légistes, seulement, me permettent de leur faire remarquer qu'ils ont grand tort de ne pas convenir que le prodigue auquel on applique les articles 513, 514, 515 du Code civil ne peut pas ne pas être très convaincu que le législateur s'est moqué de lui dans l'article 544 en lui disant que « la propriété est le droit de jouir et de disposer des choses de la manière la plus absolue ».

Je sais bien qu'il y a une restriction, mais l'étendue de cette restriction est telle qu'elle

(1) *Essai sur la répartition des richesses*, 1re édition, p. 280.

en devient burlesque, car on retire d'une main ce qu'on donne de l'autre.

On peut jouir de sa chose de la manière *la plus absolue*, « pourvu qu'on n'en fasse pas « un usage prohibé par les lois ou par les « règlements ». Or, la loi, entre autres choses, nous défend d'être prodigues. Pour comble, elle se garde bien de nous dire ce que c'est qu'un prodigue. Le législateur circonspect a jugé prudent de ne pas nous apprendre ce qu'on devait entendre par prodigalité. Aussi, notre Code qui respecte infiniment ce péché capital qui s'appelle l'avarice abandonne-t-il le prodigue à l'arbitraire des tribunaux. Que le sanhédrin chargé d'examiner si vous êtes ou si vous n'êtes pas un prodigue soit en majorité composé d'Harpagons, vous serez déclaré prodigue à bon compte.

Il est vrai que le champ qui sépare la prodigalité de l'avarice est difficile à limiter. Quelques indications, néanmoins, sur l'étendue de ce champ n'auraient pas été superflues. Les commentateurs du Code l'ont compris et ils ont essayé de suppléer au silence de la loi. Je prends un des plus qualifiés, sinon le plus qualifié d'entre eux, M. Demolombe, que je viens de citer tout à l'heure, et je suis heureux de reconnaître qu'il indique de la façon la plus claire ce qui caractérise la prodigalité ; ce sont « les vaines et folles profusions *sans* « *aucun résultat utile,* ni pour l'individu, ni « pour la société ».

Aux yeux des véritables jurisconsultes, si vous jouissez de votre chose de manière à en détruire l'utilité sans un profit réel, soit pour vous, soit pour le public, vous en faites un usage condamnable, et si cet usage condamnable se réitère trop souvent, c'est un devoir pour la puissance publique de mettre des bornes à l'abus.

Sans vouloir l'avouer, les légistes, au fond, sont du même avis que saint Augustin. Quand nous avons pourvu au strict nécessaire, nous devons, lorsque nous voulons user de nos biens, rechercher si, aux yeux de la saine raison, l'usage que nous en voulons faire est véritablement utile, soit à nous, soit à la société. L'usage que nous avons en vue ne doit-il amener aucun résultat utile, nous devons nous en abstenir. Supposons qu'au lieu de nous en abstenir nous passions outre; nous échapperons, je le veux bien, à toute répression, soit parce que l'abus n'est pas criant, soit parce qu'il est difficile de soutenir qu'on peut être qualifié prodigue pour avoir perpétré un seul acte de prodigalité ; mais, parce qu'il n'amène aucune répression, il ne s'ensuit pas que l'acte dont nous n'avons pas voulu nous abstenir n'est pas un acte inique.

Vous pourriez gagner votre vie en travaillant, vous êtes valide et vous demandez l'aumône dans un lieu pour lequel il n'existe pas d'établissement public organisé afin d'obvier à la mendicité. Tant que vous ne pourrez pas être réputé un mendiant *d'habitude*, vous échapperez à la répression. En attendant, si vous n'êtes pas indigent, vous n'en aurez pas moins agi en malhonnête homme en mendiant une fois et en dérobant ainsi aux véritables pauvres l'aumône qui leur est destinée.

Le riche intempérant est dans le même cas. Il ne peut pas se targuer de ce qu'il échappe à toute coërcition pour soutenir qu'il est un honnête homme, quand, oubliant qu'il n'est qu'un économe, il mésuse des biens qui lui sont confiés.

Si le fait de tendre une seule fois la main quand on peut vivre de son travail n'était pas malhonnête, tendre deux fois, dix fois, cent fois la main, en pareil cas, ne saurait constituer un délit. De même, si une dépense « sans aucun résultat utile ni pour la société ni pour l'individu » ne constituait pas un acte mauvais, on aurait beau réitérer cette dépense chaque jour et à chaque heure, cette réitération d'un acte pur de toute injustice ne saurait justifier l'intervention de la puissance publique. De quel droit, en effet, viendrait-elle lier les mains de l'individu qui se passerait la fantaisie de réitérer des actes aussi innocents en eux-mêmes les uns que les autres ?

Reconnaissons-le donc, les jurisconsultes sont d'accord avec les Pères de l'Église, avec les théologiens, pour affirmer que l'homme n'a pas le droit de *consommer inutilement* les biens de ce monde.

Les conséquences logiques de cette vérité les effraient et ils ne savent trop comment y échapper. Ils battent la campagne quand ils veulent dissimuler leur embarras. Le conseil judiciaire dont ils veulent que le prodigue soit pourvu est là pour démontrer qu'ils savent à quoi s'en tenir.

On ne doit jamais reculer devant les conséquences d'une proposition rigoureusement vraie. Ne reculons donc pas devant les conséquences de la vérité capitale trop oubliée que nous essayons de remettre dans tout son jour.

Pour qui veut y réfléchir le riche *intempérant* joue, comme on l'a dit, dans la société, « le rôle d'un ogre engloutissant à lui seul ce « qui aurait fait vivre cent ou mille autres « êtres humains. Il stérilise tout, autour de « lui, à plusieurs centaines de mètres de sa « demeure ».

Je vais plus loin. Quand il détruit les richesses par des consommations abusives, quand il accapare les mains laborieuses et stérilise leurs travaux en les faisant converger à la satisfaction de sa mollesse et de sa vanité, quand il se gorge, en un mot, des biens dont il n'a que l'administration, le riche intempérant est pire qu'un ogre, c'est un *voleur*.

Je l'ai déjà prouvé, mais il ne faut pas se lasser de revenir sur une démonstration qu'on a peine à accepter.

Si les biens propres à subvenir aux besoins de l'homme étaient en quantité illimitée, le riche ne ferait tort qu'à lui-même en consommant inutilement les biens de la terre. Mais ces biens sont en quantité, limitée et nous avons vu que l'occupation d'une quantité de biens, supérieure à nos besoins, n'est licite qu'autant que cette occupation n'a lieu que pour *l'utilité* de tous. L'occupation qui est la base du droit de propriété devient donc illégitime quand elle tourne à devenir inutilement destructive ou simplement stérilisante. Le riche intempérant cesse donc d'être un propriétaire légitime. Il se gorge par conséquent du bien d'autrui et c'est bien un *voleur*.

N'est-ce pas là, d'ailleurs, ce que tous les

moralistes chrétiens proclamaient naguère avec toute l'antiquité chrétienne.

« On croit qu'il suffit d'avoir du bien pour « le dépenser à ce que l'on veut, disait Nicole, « mais tout cela n'est qu'une pure illusion. « Dieu ne rend personne maître de son su- « perflu, parce qu'il ne peut permettre à per- « sonne de jouir des créatures pour elles- « mêmes. Il ne reconnaît point ces nécessités « imaginaires qui n'ont leur source que dans « la vanité, la curiosité, ou dans l'amour du « plaisir. Les riches n'ont donc aucun avan- « tage réel au-dessus des pauvres par la pos- « session de leurs biens. Ils ne les ont reçus « que pour en faire part à ceux qui en ont be- « soin : et les pauvres qui en sont destitués « ne sont privés d'aucune chose vraiment né- « cessaire..... Les riches ne peuvent user « du monde que par nécessité aussi bien que « les pauvres. La règle est commune aux « uns et aux autres (1) ».

On me répondra : La belle autorité ! Nicole est un janséniste.

(1) Continuation des Essais de morale, t. IX, p. 212-213.

Eh bien! je vais citer un jésuite, Bourdaloue, et ce n'est pas lui qui frappera le moins fort.

« Tous les Pères regardent le superflu, « dit-il, comme un bien dont les riches sont « seulement les dépositaires et les distri- « buteurs, comme un bien qu'ils ne peuvent « retenir sans la plus criminelle injustice, et « selon l'expression de saint Ambroise, *sans « se rendre coupables de vol* ».

Je ne dis rien de plus.

Encore une fois : c'est pénible, mais si pénible que soit une vérité, nous n'avons pas le droit de la nier parce qu'elle nous gêne.

Il ne faut pas conclure de ce que je viens de dire que tous les hommes sont condamnés à vivre à perpétuité comme des anachorètes. Entre l'austérité et la volupté, il y a de la marge.

La question de savoir si l'on peut tolérer le luxe dans une certaine mesure surgit ici tout naturellement.

Le trouble qui règne aujourd'hui dans notre langue est en grande partie la cause des dissentiments qui se produisent dès qu'on agite cette question. On ne l'aborde jamais du reste bien franchement, retenu que l'on est par une fausse honte. C'est qu'il y a du vrai dans cette boutade de Voltaire : « Ceux qui crient, disait-« il, contre ce qu'on appelle le luxe ne sont « guère que des pauvres de mauvaise « humeur ». Or, quoique on se targue d'être chrétien, quoique le Maître ait dit : Bienheureux ceux qui sont pauvres, on ne veut pas généralement être pauvre, et non seulement on ne veut pas l'être, mais quand on l'est pour tout de bon, on ne veut même pas en avoir l'air. Partant, tout ce qui peut ressembler à une déclamation contre le luxe inspire une grande répugnance. On craint d'être pris pour un pauvre, et pour un pauvre grincheux qui plus est.

Rostopchine, dans ses mémoires écrits en dix minutes, déclare qu'à cinquante ans il a renoncé à l'opinion publique. J'ai cru devoir l'imiter sur ce point. La crainte du public n'est pas faite pour m'arrêter.

Luxe vient du latin *luxus*, qui veut dire excès, profusions, mollesse, débauches. En voilà plus qu'il n'en faut pour faire comprendre comment, jusqu'à ces derniers temps, le mot a été pris en mauvaise part. Ce n'est qu'à la fin du dernier siècle que s'est implantée cette idée qu'on pouvait concevoir un luxe qui ne fut pas nécessairement un mal. Toutefois on ne s'entendait pas parfaitement sur ce point, tant s'en faut. Pour Condillac, en effet, « le luxe consiste dans un travers de l'imagi-« nation qui nous fait trouver notre bonheur « à jouir des choses dont les autres sont pri-« vés ». Voltaire, un des premiers, voit les choses d'un autre œil, et il nous assure « qu'on est parvenu à ne plus mettre le luxe « que dans le goût et la commodité ». Le luxe, tel que l'entend Condillac, est, comme il le dit, un véritable travers et ne peut manquer d'être réprouvé par tous les gens sensés, tandis que le luxe, entendu comme l'entend Voltaire, me paraît à l'abri des anathèmes de nos plus sévères moralistes.

Personne ne songe à nous ramener à l'époque paléolithique, voire même à l'époque néolithique. Les gens les plus austères ne trouvent pas mauvais que leurs contemporains n'habitent plus les cavernes et se construisent de bonnes maisons qui les mettent à l'abri du froid en hiver, et de la chaleur en été. Ils ne se plaignent pas de voir que nous avons remplacé les peaux de bêtes, premiers vêtements de nos ancêtres, par les vêtements de laine tissée qui nous couvrent aujourd'hui. Je ne connais même pas de rigoriste qui voyant une pauvre femme montant péniblement dans son galetas la provision d'eau ou de combustible nécessaire à son ménage ne se prenne pas à regretter que, dans les plus modestes demeures, on n'ait pas l'eau et le gaz à tous les étages. Si les vêtements deviennent de plus en plus commodes, que peut-il y avoir là de répréhensible? Tout cela ne prouve qu'une chose, c'est que, grâce au travail de ses aïeux, l'homme n'est plus obligé de faire autant d'efforts pour subvenir à ses besoins les plus pressants, c'est qu'il peut consacrer une part de son temps de plus en plus grande à la satisfaction de besoins plus élevés que ceux qui tourmentent l'animalité. Il y a là un progrès qu'il faut bénir et non pas censurer, surtout quand ce progrès se manifeste non pas seulement chez quelques-uns, mais dans la masse.

Ce qui est condamnable, c'est ce travers qui fait qu'on trouve son bonheur, non pas à jouir des choses commodes à la vie, mais à jouir des choses dont les autres sont privés, dût-on s'incommoder pour satisfaire la ridicule vanité qui vous pousse dans cette voie. Ce qui est condamnable, ce sont les excès qui nous font donner à notre corps des satisfactions qui, loin de le mettre en état de servir aux opérations de notre âme, ne servent qu'à hébéter notre esprit; ce sont ces profusions qui ne nous permettent plus de faire honneur aux obligations imposées par les fonctions d'économe et d'aumônier conférées par la richesse. Je ne parle pas des déportements, des débauches que tout le monde condamne.

Étant données les différentes significations attachées maintenant à ce mot, luxe, il est évident qu'il y a un bon et un mauvais luxe et qu'il nous faut faire une distinction dont n'avaient pas à s'inquiéter les moralistes du XVIIe siècle, quand ils traitaient cette grave question.

Jusqu'où s'étend le luxe permis et où commence le luxe illicite?

C'est une question de délimitation, et, comme toutes les questions de frontières, elle ne laisse pas d'être très scabreuse dans la pratique. A chacun d'y répondre, en tenant compte de la situation qu'il occupe. Comme nous ne sommes pas voués aux mêmes travaux, nous ne devons pas être tous traités de la même façon. L'homme d'Etat ne sera pas mis au même régime que le laboureur, car le mode d'existence qui permet à ce dernier de remplir son office serait un obstacle à l'accomplissement des fonctions dont est revêtu le premier. Ce qui est vrai pour tous, c'est que nous n'avons pas le droit de soigner notre corps de telle façon qu'au lieu de servir aux opérations de notre âme, il les trouble. Que chacun suivant sa condition s'accorde le nécessaire, tout sera pour le mieux. Que du nécessaire il passe au commode, je n'y verrai rien à blâmer. Mais que du commode on passe à l'inutile, au délicat, au sensuel, c'est là que commence l'abus. Quand on se laisse glisser sur cette pente, on ne tarde pas à arriver aux excès les plus condamnables.

Nombre de gens, cependant, préconisent le luxe sans restriction aucune. Cela fait marcher le commerce, disent-ils. A ce compte, on pourrait également préconiser l'ivrognerie. Qu'on demande aux cabaretiers si les ivrognes ne font pas marcher leur commerce. Cette niaiserie ne mérite pas qu'on s'y arrête.

Il reste évident que la tempérance est un devoir de justice et que, chaque fois qu'on s'en écarte, on cause à autrui un préjudice dont on lui doit la réparation.

Saint Augustin a raison jusqu'au bout. Il n'est que rigoureusement exact quand il dit : « Tout ce qu'on possède mal est à autrui, et celui-là possède mal qui fait un mauvais usage de ce qu'il possède. Vous voyez donc quelle masse de gens doivent rendre le bien d'autrui, encore bien que le nombre de ceux qui se trouvent avoir droit à une restitution soit petit ».

II.

Le Travail.

En nous chargeant de biens superflus, nous assumons l'obligation de les administrer au mieux des intérêts de la masse. Nous ne pouvons ni les détruire inutilement, ni les laisser perdre, ce qui serait les détruire indirectement, ni les laisser improductifs, ce qui serait une destruction inutile qui, pour être partielle, n'en serait pas moins une destruction condamnable.

On voit par là que courir après la richesse c'est courir tout simplement après une *fonction*, après une lourde responsabilité. La fonction est d'autant plus lourde que la richesse est plus considérable.

Le riche n'est qu'un *économe*.

Soit que nos aïeux nous aient conféré la fonction d'économe en nous laissant leurs biens, soit que nous nous en trouvions revêtus pour l'avoir briguée avec succès, nous sommes astreints par cette fonction à une grande vigilance; nous ne pouvons remplir les devoirs qu'elle nous impose sans travail et sans peine.

« Toute condition, dans le monde, est su-
« jette à des devoirs pénibles, parce qu'il n'y
« en a aucune, dit saint Thomas, dont la per-
« fection ne soit attachée à une règle qui ne
« peut changer, à une conduite égale qu'il
« faut observer, à des actions faites dans
« l'ordre dont il n'est pas permis de se dis-
« penser. Or tout ce qui porte ce caractère
« est un *travail* pour l'homme ».

En fait, il n'en est pas ainsi. La richesse au lieu d'être une charge n'est pour nous qu'une *sinécure*, et nous vivons le plus souvent comme si la propriété, au lieu de nous conférer un économat, nous conférait le droit à la paresse.

Pour le riche, il n'y a, tout au plus, que six péchés capitaux. La paresse ne compte pas. — Chose singulière ! On tient un pauvre qui refuse de travailler pour un homme méprisable, tandis qu'on ne laisse pas d'honorer tel millionnaire qui est aussi paresseux qu'il est possible de l'être. Bien plus, le millionnaire courrait grand risque de se déshonorer aux yeux de certaines gens en travaillant pour tout de bon.

Qu'appelait-on, au siècle dernier, vivre noblement, si ce n'est, les trois quarts du temps, vivre à ne rien faire? — Gardons-nous bien toutefois de jeter la pierre aux aristocrates; notre siècle démocratique n'en a pas le droit. Est-ce que le rêve de nos prétendus démocrates n'est pas de vivre noblement, en prenant ces expressions dans leur mauvaise acception? Les ouvriers, démoralisés par l'exemple des riches, maudissent maintenant le travail comme on ne l'a jamais maudit.

A qui la faute?

Aux flagorneurs du peuple, je le veux bien, qui vont disant aux ouvriers : Frères, c'est par la fainéantise que vous améliorerez votre sort. Mais ils ne sont pas les seuls coupables.

On exige trop de la raison du pauvre quand on lui demande de ne pas se laisser troubler par le spectacle du mauvais luxe et de la fainéantise du riche. Ce spectacle devait engendrer et a effectivement engendré, comme nous l'affirmions en commençant, le socialisme et le collectivisme. Prêtez l'oreille aux divagations des ouvriers collectivistes et vous verrez que la monstrueuse erreur qui confond le droit de propriété avec le droit à la paresse les a poussés à embrasser l'absurde système qui fascine leur ignorance. Comment ne seraient-ils pas victimes de cette erreur quand la plupart des défenseurs attitrés de la propriété n'ont pas su s'en dégager. Presque tous, en effet, soutiennent le droit à la paresse.

Celui, disent-ils, qui, en travaillant le matin, a produit assez pour satisfaire aux besoins de la journée, a bien acquis légitimement le droit de se reposer l'après-midi.

Entendons-nous. Si un pauvre homme a épuisé ses forces. le matin, par un travail excessif, personne n'exigera qu'il persiste jusqu'au soir dans des efforts qu'il ne peut soutenir sans compromettre sa santé. La question n'est pas là. La question est de savoir si, lorsqu'il a produit assez dans la matinée pour satisfaire aux besoins du jour, et alors même qu'il lui est possible, sans préjudice pour sa santé, de persévérer dans le travail jusqu'au soir, il peut, sans injustice, se reposer l'après-midi.

Soutenir le droit à l'oisiveté, dans de pareilles conditions, me paraît impossible. En effet, si notre homme se repose l'après-midi, demain, peut-être, il ne pourra subsister que du travail d'autrui. Personne ne sait ce que le lendemain lui apportera. L'homme qui a produit assez le matin pour satisfaire aux besoins de la journée, peut se trouver, le jour suivant, dans l'impossibilité de gagner sa vie, soit pour une cause, soit pour une autre. En s'exposant, par son imprévoyance, à tomber à la charge d'autrui, il se rend coupable.

Il n'a pas le droit de se reposer l'après-midi.

Supposons, si vous le voulez, qu'un homme ait assez travaillé dans sa jeunesse pour suffire à ses besoins pendant le reste de ses jours, pourra-t-il, alors, se dispenser de travailler?

En cessant de travailler, cet homme se

montrera moins imprévoyant que celui qui vit au jour le jour, sans souci du lendemain. Cependant la prudence de cet oisif de la dernière heure pourrait se trouver en défaut. On ne peut pas se fier à la fortune. Qu'un revers, plus ou moins mérité, réduise à l'indigence celui qui se croyait pour toujours à l'abri du besoin, et on le verra tomber, lui aussi, à la charge d'autrui. L'usage qu'il aura fait de son prétendu droit à la paresse le rendra coupable d'une injustice puisqu'il aura pour résultat, ce qui était facile à prévoir, de le faire vivre, à un moment donné, du travail des autres.

Allons plus loin, me dira-t-on; puisque nous sommes dans le champ de l'hypothèse, ne pouvons-nous pas admettre qu'un homme, dans le cours d'une longue existence, n'a pas connu les revers. Riche à millions dès sa naissance, il a toujours goûté les douceurs du prétendu droit à la paresse, et ce n'est qu'après quatre-vingts ans d'oisiveté qu'il s'est éteint plus riche qu'en venant au monde. Quelle injustice a-t-il commise en s'abandonnant à la fainéantise pendant toute sa vie?

On oublie toujours l'un des deux éléments qui constituent nécessairement la propriété. Si le travail est l'un des deux facteurs de la richesse, la matière qui n'est pas une création de l'homme en est l'autre facteur. Il est constant qu'on ne peut s'approprier ce second facteur en quantité supérieure à ses besoins actuels que pour la plus grande utilité de tous. Le riche, devenu, grâce à l'occupation et au travail, le maître de certains agents naturels, doit non seulement veiller à leur conservation, mais encore en tirer toute l'utilité possible dans l'intérêt général. Au travail manuel succède un travail intellectuel d'autant plus grand que le fardeau des richesses est plus considérable. On ne cesse d'exercer un métier, une profession, que pour assumer une fonction qu'on transmet à ses héritiers en même temps que ses biens.

Cette fonction, nous l'avons déjà dit, est un *économat;* or, un économat n'est rien moins qu'une sinécure, et notre millionnaire de naissance ne peut donc se soustraire, tout millionnaire qu'il est, à la loi du travail.

Il est nécessaire, ici, de prévenir une confusion à l'aide de laquelle on embrouille trop souvent la question que nous agitons. Gardons-nous de confondre deux fonctions bien distinctes qui incombent au riche : la fonction d'économe et la fonction d'aumônier. Un économe qui se réduirait à n'être qu'un aumônier serait un très mauvais économe. Si nos prédécesseurs n'avaient été que des aumôniers, nous serions aujourd'hui dans cet état misérable où nous voyons les peuplades sauvages ; nous serions tous pauvres.

Quand on veut faire croire que les anciens Pères soutenaient, et que certains catholiques, après eux, soutiennent qu'un riche, ses légitimes besoins satisfaits, est tenu de *donner* aux pauvres tout son superflu, on défigure la doctrine chrétienne pour pouvoir la combattre avec une apparence de raison.

L'économe doit faire fructifier les biens qui lui sont confiés. Celui qui, volontairement, laisse demeurer oisifs les bras qui peuvent accroître les richesses de la maison sur laquelle le Père de famille l'a établi n'est qu'un mauvais administrateur. Il est responsable de la misère que sa négligence occasionne. C'est même un devoir pour le riche d'accroître les biens dont il a la garde, lorsque la misère des temps ne s'y oppose pas. Il doit faire en sorte, dans tous les cas, que la part de ses biens qui n'est pas nécessaire à ses besoins ne demeure pas stérile pour ceux qui ne peuvent vivre que par elle.

Là où le riche ne comprend pas ou ne remplit pas le rôle que la justice lui assigne, l'indigent peut lui dire : vous avez accaparé les agents naturels au moyen desquels seulement nous, pauvres, nous pouvons subsister. Soit; mais nous avons le droit de vivre au même titre que vous, et comme l'appropriation de ces biens, en tant qu'elle dépasse vos légitimes besoins, ne peut se justifier que par l'utilité que cette appropriation doit procurer à la masse, vous êtes tenu d'administrer vos richesses de telle façon que tous, en travaillant, puissent en subsister. Vous vous méprenez en croyant qu'une fonction, comme celle dont vous êtes revêtu, vous permet d'être un fainéant.

Et l'indigent a raison.

Que le riche remplisse son devoir d'économe, on comprendra son utilité. L'utilité du riche dans une société bien organisée serait aussi palpable que l'utilité du magistrat et du soldat.

Pourquoi le riche, fonctionnaire tout comme un magistrat, *autrement recruté,* voilà tout, pourquoi donc le riche croit-il pouvoir se rendre coupable de toutes les forfaitures sans courir aucun risque ici-bas? Que le magistrat, que le soldat foulent aux pieds leurs devoirs; que la justice et la force, au lieu de protéger l'innocence et la faiblesse, tournent contre elles la puissance qui leur a été donnée; on trouve tout naturel que le mépris remplace le respect, et on n'imagine guère que les victimes étant assez nombreuses et assez fortes pour lutter contre les bourreaux, la bataille ne s'engage pas entre eux.

Victimes d'économes prévaricateurs, comment nos prolétaires ne seraient-ils pas tentés de faire disparaître une organisation sociale qui ne produit pas les bienfaits qu'elle devrait produire ?

En réduisant le riche à ce rôle d'économe, je n'invente rien. C'est le vieil enseignement de l'Église catholique que je rapporte. Je n'en veux d'autre preuve que ces paroles de saint Basile : « Il n'y a point d'état et de profession « où *l'oisiveté ne soit un crime,* et elle l'est « encore plus dans les états supérieurs aux « autres. » Il disait également : « Le riche ne « possède pas pour lui seul; les biens ne lui « sont pas confiés pour qu'il en *jouisse,* mais « pour qu'il les *administre.*

Il se montre encore plus explicite, s'il est possible, dans une autre homélie sur ce passage de saint Luc : *Destruam horrea mea.* Il apostrophait le riche en ces termes : « Apprends pourquoi tu as reçu ces richesses. « Tu es le ministre du Dieu très bon, l'*intendant* commun de tes compagnons de servitude. Tout ce que tu possèdes n'a pas été

« destiné à l'apaisement de ta faim. *Admi-*
« *nistre donc les biens d'autrui*, les biens qui
« sont ns tes mains. »

Un intendant n'a pas, que je sache, le droit de demeurer oisif, non plus que de gaspiller les biens qu'il doit administrer. « Un grand « travail, comme nous l'enseigne l'Ecclésiaste, « s'impose à tous les hommes, un joug acca- « blant pèse sur les fils d'Adam depuis le jour « où chacun d'eux sort du ventre de sa mère « jusqu'au jour de sa sépulture dans le sein « de la mère commune (Eccl. XI., 1) ».

Notre pseudo-christianisme ne s'accommode plus depuis longtemps de la vraie doctrine. « Que ceux qui travaillent de leurs mains se « réjouissent, disait Bossuet, Jésus-Christ est « de leur corps ». Cela nous touche peu. Saint Paul, gagnant son pain en faisant de la toile à voile, nous touche encore moins. Semblables aux Romains de la décadence, nous regardons le travail manuel comme une occupation d'esclaves. Les états les plus honorables sont dédaignés parce qu'ils ont cessé d'être honorés. C'est à qui ne travaillera pas ou à qui travaillera le moins possible. Nous traitons comme une billevesée cette parole de l'apôtre des nations : « Si quelqu'un ne veut pas travailler, qu'il ne mange pas. »

Le vieil enseignement de l'Église ne cesse pourtant pas de retentir à nos oreilles. Hier encore le souverain Pontife, Léon XIII, prononçait ces graves paroles : « Le christianisme enseigne que le travail est, sur la terre, la condition naturelle de l'homme. L'accepter avec courage est un honneur et une preuve de sagesse; vouloir s'y soustraire, c'est montrer de la lâcheté et trahir un devoir sacré et fondamental (1). »

Quoi qu'on en puisse dire, le droit à l'oisiveté n'existe pour personne.

« Savez-vous, disait il y a vingt ans un professeur émérite, M. Lacroix, ce qui distingue la civilisation de la barbarie et de l'état sauvage? C'est que la civilisation travaille *beaucoup*, que la barbarie travaille *peu*, et que l'homme sauvage ne travaille *pas du tout*. »

(1) Allocution du 22 octobre 1889 au pélerinage du travail.

Les apôtres du droit à l'oisiveté ne tendent à rien moins qu'à nous ramener à la barbarie, à la sauvagerie, mais les perspectives qui se déroulent devant nous, à mesure que nous avançons dans les voies où nous pousse l'abject matérialisme, nous montrent si clairement l'abîme que je ne puis me défendre d'espérer une renaissance chrétienne.

III.

L'Aumône.

Les nécessités *ordinaires* du pauvre n'ont de soulagement à attendre que de la charité. Je ne me sens aucun penchant pour les subtilités, et si quelqu'un, parmi les nécessités graves, veut établir une distinction entre les nécessités pressantes et les nécessités très pressantes, soutenant que le soulagement des premières ne s'impose pas au riche comme un devoir de justice, mais comme un devoir de charité, je ne discuterai pas sur ce point.

Loin de moi l'impudente pensée de refaire le beau sermon de Bourdaloue sur l'aumône. Je ne veux tenter ici qu'une chose : tirer d'un fait, très ingénieusement observé par nos économistes, un nouvel argument en faveur du pauvre.

Le fait de l'occupation, et le travail, soit du propriétaire, soit de ceux dont il est l'ayant-cause, ne sont pas, en toutes circonstances, les seules sources de la richesse de ce propriétaire. Je ne veux parler, bien entendu, que des sources avouables.

Non seulement on oublie volontiers que la terre créée pour tous les hommes a une valeur indépendante de l'utilité que le travail lui communique, mais on semble ignorer que presque tous les propriétaires se sont enrichis par suite d'un travail qui n'est pas le leur, non plus que le travail de ceux dont ils peuvent se targuer d'être les continuateurs, ou, comme nous le disions tout à l'heure, les ayant-cause.

Rien de plus facile à établir cependant.

Je prends un exemple. Au début de notre

histoire, ce qu'on appelle aujourd'hui le Marais, à Paris, était un marais pour tout de bon, marais inhabitable où le mètre carré n'avait qu'une valeur presque nulle. Supposons qu'un hectare de ce marais, là où s'étend maintenant le boulevard de Sébastopol, n'ait jamais été effleuré par la bêche ou la charrue, qu'on n'y ait jamais élevé la moindre construction ; est-ce que cet hectare de terrain ne vaudrait pas à cette heure quelques millions? — D'où lui viendrait cette valeur? — Non pas du travail de ses différents propriétaires, mais du travail de chacun de ceux qui ont coopéré à faire de Paris ce qu'il est. Cela n'est pas contestable.

Considérons maintenant combien il y a de terrains qui, tout en ayant augmenté de valeur par le fait de ceux qui en ont été successivement les propriétaires, doivent cependant une partie, peut-être même la plus grande partie de leur valeur actuelle, au travail social. Nous constatons là l'existence d'énormes richesses créées par le travail de tous, richesses abandonnées exclusivement à quelques-uns, dans un intérêt général.

Cette question du profit qui n'est pas gagné par le travail, ou de *l'unearned increment*, comme disent les économistes anglais, et, après eux, nos économistes français, a fait l'objet de plus d'une savante dissertation. Je n'ai nulle envie de contester l'attribution de ce profit au propriétaire. Il faut le lui attribuer, par la même raison qui fait qu'on attribue au propriétaire d'un fonds riverain d'un fleuve les terres que les eaux courantes ajoutent d'une manière insensible à ce fond (C. C. art. 556). L'*unearned increment* peut être très légitimement comparé à une alluvion. C'est un accroissement de valeur insensible qui, comme l'alluvion, peut devenir considérable avec le temps.

Pourquoi les terres que les eaux courantes ajoutent parfois d'une manière insensible aux fonds riverains deviennent-elles la propriété des personnes auxquelles ces fonds appartiennent? C'est que, par la force des choses, les propriétaires riverains sont les seuls qui puissent occuper immédiatement ces accroissements insensibles et les mettre en culture. Il y a là un profit qu'il faut leur abandonner pour le plus grand bien de la société. Ai-je besoin d'ajouter que les propriétaires riverains d'un fleuve courent des risques; que s'ils peuvent voir leurs fonds s'accroître, ils peuvent les voir diminuer d'étendue, et que ceux qui courent le risque de perdre doivent courir le risque de gagner?

Pour peu qu'on veuille bien réfléchir, on peut voir que toutes ces considérations s'appliquent à l'*unearned increment*.

Si le propriétaire recueille souvent ce qu'il n'a pas semé, ce qui n'est pas le fruit de son travail, s'il profite d'avantages purement matériels qui n'ont pas été le résultat de ses efforts, il est d'autant plus étroitement obligé envers les pauvres, d'autant plus, dis-je, que les pauvres ont presque toujours largement contribué par leur labeur à la création de ces richesses auxquelles, par cela même qu'ils sont pauvres, ils ne sont pas appelés à prendre part.

Je ne veux pas insister. Ceux-là même qui préconisent le luxe et le droit à la paresse font encore l'aumône. Je ne le méconnais pas. Nos hôpitaux, nos refuges, nos asiles pour les vieillards, toutes ces œuvres auxquelles la charité chrétienne s'ingénie, acquittent certainement, quand elles sont bien comprises, une partie de la dette qui incombent aux riches. Ce que je ne comprends pas, en revanche, c'est que nous ayons la naïveté de nous imaginer que, grâce à ces institutions, nous méritons un *reçu pour solde.*

L'utilité de la richesse étant indéniable, le riche a trop souvent la simplicité de se croire utile par cela seul qu'il est riche. Il se laisse volontiers comparer au lac Mœris. Ce lac, autrefois, lorsque la crue du Nil était abondante, recevait le trop plein de la vallée, et plus tard, quand la crue n'était pas suffisante, suppléait, par les bienfaisantes irrigations que permettaient ses retenues, à l'insuffisance du débordement.

Il est évident que si chacun se bornait à la satisfaction journalière de ses besoins matériels, laissant s'évanouir le superflu de chaque jour, aucun allègement de la misère ne serait possible lorsque la disette se ferait sentir. Le riche est utile, mais à une condition; à la condition d'ouvrir largement sa caisse, quand besoin est, tout comme le lac Mœris ouvrait ses écluses. Le flot de l'aumône coulerait d'autant plus abondant que le niveau de la richesse, grâce à la tempérance et au travail, s'élèverait plus haut et se reformerait plus vite.

Si le riche remplissait en conscience ses fonctions d'économe et d'aumônier, le pauvre le respecterait tout comme on respectait la chaussée du lac Mœris et ses écluses sur le sol de l'antique Egypte.

Fonctionnaire recruté par Dieu directemen, sans le concours du chef politique de la nation, le riche se rend coupable de forfaiture quand il abuse criminellement de la richesse dont l'a gratifié le Maître de toutes choses. Il devrait trembler, songeant qu'il n'est qu'un fonctionnaire, dans la crainte de n'en pas faire assez pour bien remplir sa charge.

Nous n'en sommes pas là, tant s'en faut. La richesse est considérée comme une bonne *aubaine* et non pas comme une fonction. Vainement les prédicateurs répètent : « Mes frères, « l'aumône n'est pas seulement une charité « pure, une charité gratuite, puisque vous « ne donnez au pauvre que ce que vous avez « reçu pour le pauvre et avec une obligation « étroite de l'employer pour le pauvre ». On n'est pas encore persuadé de cette vérité là, et les orateurs de la chaire pourraient s'écrier à plus juste titre qu'il y a deux cents ans : « Ah! chrétiens, qu'il y a de vérités dont on « n'est pas encore persuadé dans le christia- « nisme ».

Presque tout le monde s'imagine que l'aumône est une charité pure, une charité gratuite. C'est une grande erreur. Le monopole des agents naturels, sans parler de l'*unearned increment*, ne nous est pas concédé sans condition.

Je le reconnais, avec M. le docteur Hélot :

« le christianisme n'est pas doux pour le « riche ».

Que faire à cela?

L'Évangile est immuable et il ne faut pas songer à y rien changer.

Cette parole : « Malheur à vous, riches, qui avez votre consolation en ce monde », heurte tous nos préjugés et toutes nos passions, mais c'est parole d'Évangile. Je ne saurais y voir, comme mon excellent contradicteur de la *Revue catholique des Institutions et du Droit,* une figure de rhétorique. « Après la terrible « *hyperbole* sortie de la bouche de Notre-Sei- « gneur, dit-il, les docteurs de l'Eglise avaient « beau jeu d'attaquer et de poursuivre la « richesse. Ils n'ont pas failli à leur tâche ».

Je connaissais les paraboles de Notre-Seigneur, mais, en vérité, jusqu'ici, je n'avais jamais entendu parler de ses hyperboles.

Quant aux Pères de l'Église, le peu que j'en sais ne me permet pas de croire qu'ils aient jamais attaqué et poursuivi la richesse. Barbeyrac, qui ne cherchait, comme il l'avoue lui-même, qu'à « ruiner l'autorité des Pères de l'Eglise, des six premiers siècles », n'eût pas manqué de s'en faire un grief. Il est à présumer que s'il n'a rien dit sur ce point, c'est qu'il ne trouvait rien à dire.

M. Hélot, du reste, dans nombre de passages, a pris soin de nous montrer que les Pères ne confondaient pas dans leurs anathèmes les richesses avec les riches.

Les richesses sont bonnes en elles-mêmes. Le travail auquel l'homme est condamné doit être un travail productif, un travail utile, moralement ou matériellement, et qui, par conséquent, engendre directement ou indirectement la richesse. La tempérance, autre loi qui s'impose à l'homme, est de son côté une cause d'accroissement des richesses. Les effets de causes essentiellement justes ne sauraient être condamnables. Ce n'est pas la richesse, c'est le mauvais usage de la richesse qui rend l'homme coupable. Cela ne peut faire aucun doute.

Ce n'est pas la richesse, ce sont les riches que saint Basile attaque dans cette sanglante invective : « N'est-tu pas un *voleur*, toi qui

« garde ce qui ne t'a été donné que pour le « dispenser aux autres? C'est le pain de « l'affamé, ce blé que tu amasses; il est au « loqueteux grelotant l'habit suspendu dans « ta garde-robe; au pied nu, le soulier que tu « laisses pourir; à l'indigent, l'argent que tu « empiles. Tes facultés sont la mesure de tes « injustices ».

Si quelqu'un était tenté de récuser saint Basile, personne, parmi les catholiques du moins, n'oserait récuser saint Grégoire le Grand. Voici ce que, deux cents ans après saint Bazile, enseignait cet illustre Pape, ancien préteur de Rome. « Tous les hommes « ont été tirés de la terre, disait-il, et la terre « est commune à tous, et elle produit de son « sein de quoi servir à les nourrir tous. En « vain donc ceux-là se croient-ils innocents « qui s'approprient à eux seuls les biens « que Dieu a rendus communs; car, en ne « donnant pas aux autres ce qu'ils ont reçu « de trop, ils deviennent homicides et meur- « triers ».

Une analyse exacte des bases sur lesquelles

repose le droit de propriété n'aboutit qu'à nous montrer la profonde justesse de cet enseignement. On perd sa peine à vouloir trouver là une exagération violente. Mieux vaut s'écrier avec le psalmiste : Seigneur, vos préceptes sont et seront à jamais l'équité même !

Oui, c'est l'équité même cette loi de la souveraine Raison promulguée par le Deutéronome : « O Israël ! Tu ne devras souffrir en « aucune sorte qu'il y ait au milieu de toi un « seul mendiant ni un seul indigent. »

Nous oublions trop que ces paroles s'adressent à nous, chrétiens, comme aux juifs. Jésus-Christ, cependant, nous dit dans l'Évangile : « Ne pensez pas que je sois venu pour dé- « truire la loi ou les prophètes, mais pour les « accomplir. »

Notre-Seigneur n'a fait qu'une innovation, une seule : « Je vous donne un commande- « ment nouveau, nous a-t-il dit, qui est de « vous aimer les uns les autres ». Il nous faut donc renchérir sur Israël et pourvoir non seulement aux nécessités communes de nos frères, mais aux besoins de leur esprit et de leur âme, dans la mesure de nos facultés.

CHAPITRE VII.

La Question sociale.

Il est évident, pour tout homme qui ne veut pas se leurrer, que le droit de propriété n'est plus compris aujourd'hui comme il doit être compris. La masse est convaincue qu'elle peut faire de ses biens ce que bon lui semble, qu'elle peut en mésuser, si cela lui plaît. Elle est non moins convaincue que quiconque a des biens en assez grande abondance pour vivre à ne rien faire a parfaitement le droit de vivre dans l'oisiveté. On ne convoite les fonctions publiques que pour remplir ses poches en travaillant le moins possible. Nous sommes toujours et de plus en plus cette « race vaniteuse et servile » qu'apostrophait si rudement Proudhon dans ses *Confessions d'un Révolutionnaire.* « La vérité nous déplaît. Nous « n'avons d'estime que pour nos flatteurs, de « respect que pour nos parasites, de mépris « que pour nos travailleurs et nos pauvres. »

La multitude, aujourd'hui, rejette l'existence de Dieu et essaie de se persuader que le monde n'a pas été créé, qu'il n'y a pas d'autre substance que la matière qui n'a pas eu de commencement, et que l'homme n'est qu'un mode de cette unique substance. Pour cette multitude, le maximum de bien désirable ici-bas, c'est que la vie atteigne en quantité et en qualité les dernières limites du possible. Pour elle, aucun des actes qui tendent là ne peut être jugé mauvais sur ce globe ni ailleurs.

On perd sa peine quand on veut montrer à quelles formidables objections se heurte cette inepte doctrine. Les dieux fétiches qui l'imposent se dérobent à toute discussion et font observer à leurs adeptes la même tactique.

La grande préoccupation de chacun est de s'approprier la plus grande part possible des produits du travail humain. Mais, grâce au matérialisme qui nous ronge, beaucoup de ceux qui produisent les biens dont nous vivons n'en reçoivent qu'une part insuffisante pour subvenir à leurs plus pressants besoins. Ces hommes voient, à côté d'eux, d'autres hommes qui trouvent moyen de vivre dans la paresse et l'abondance, non-seulement sans s'appauvrir, mais en s'enrichissant de plus en plus. Frappés des injustices qui président, trop souvent, à la distribution des richesses, de nombreux ouvriers ne rêvent plus que la ruine d'une organisation sociale qui semble devoir perpétuer l'état de choses dont ils souffrent.

Les détenteurs de la richesse disent à l'ouvrier que la terre abandonnée à sa fertilité naturelle ne donne pas gratuitement les aliments dont on a besoin, et qu'un sauvage, pour subsister dans un état habituel de détresse, doit se livrer presque tous les jours à un exercice fatigant; que la pratique du plus commun des métiers, sur notre terre de France, le fait vivre plus à l'aise qu'il ne vivrait dans un vaste territoire dont il serait l'unique habitant et le seul maître.

Mais, vous, répond l'ouvrier, que deviendriez-vous si, demain, nous tous qui ne possédons rien, nous vous faisions défaut ? Vous ne trouveriez pas votre pain cuit pour satisfaire votre appétit. Vos réserves de substances alimentaires ne se conserveraient pas sans qu'on y mit la main. Que deviendraient vos terres ? Que vaudraient vos rentes, vos actions, vos obligations ?

Les plus riches, direz-vous, se feraient aider, grâce à leurs richesses, par les moins bien partagés. Oui, mais à quel prix mettrait-on ses services, si tant est que quelqu'un voulût servir ? Ceux dont la faim ne rongerait pas les entrailles ne vous donneraient pas, comme nous, leur sueur pour une bouchée de pain. Les plus opulents auraient bien vite épuisé leurs richesses et en seraient promptement réduits à cesser leurs gaspillages, sinon même à travailler de leurs bras. On jugerait alors, en connaissance de cause, de l'équité qui préside à la répartition des richesses.

Détenteurs des instruments de production créés pour tous les hommes, vous abusez de votre monopole. Vous vous gorgez des biens dont ces instruments de production sont en partie la source, biens qui sont en quantité limitée, et vous en détruisez l'utilité, quand vous devriez les faire servir à la reproduction. Vous mésusez de vos richesses en employant nos bras à la satisfaction de votre mollesse, de votre luxe, de votre faste, au lieu de les employer à la production des choses utiles à tous. Vous multipliez ainsi les indigents et les mendiants ; vous êtes nos pires ennemis.

La valeur qu'ont acquis les instruments de production en France ne résulte pas uniquement de votre travail ou du travail de ceux dont vous êtes les ayant-cause ; cette valeur est due au travail de tous, c'est en partie une valeur sociale, et si l'exercice du plus commun des métiers nous fait vivre plus à l'aise qu'un sauvage sur un vaste territoire qui lui appartient, ce n'est que justice. Frelons, prenez-y garde, une grève générale des prolétaires aura bientôt raison de vous !

Qu'on se récrie, tant qu'on voudra, que le pauvre n'est pas moins coupable que le riche, et que ses vices, intempérance et paresse, sont les principales causes de sa misère; il est un point qu'aucun homme raisonnable ne peut contester, c'est que l'oubli presque universel des devoirs que la richesse impose est, tout au moins, une des causes du redoutable antagonisme qui fait trembler notre société sur ses fondements.

On ne ramènera le repos et la sécurité qu'en faisant cesser cet antagonisme.

La justice seule le fera cesser.

Le pouvoir civil qui ne crée pas la justice, mais qui devrait la faire régner dans l'ordre extérieur, ne se soucie pas, malheureusement, de remplir ce rôle parmi nous. Au lieu de sauvegarder et de protéger les *droits* des membres de la société, il ne se préoccupe que de sauvegarder les *intérêts* de la faction dont il est la créature et l'instrument. Je ne dis rien de trop.

La possibilité de s'enrichir sans risques, aux dépens du public, est une pierre de touche qui montre ce que valent les hommes. Cette pierre de touche nous a montré ce qu'étaient en réalité ceux qui, trop souvent, sont devenus nos maîtres. Arrivés au pinacle, ces parangons de vertu n'ont réformé que leur maigre ordinaire. Leur crapule misérable est devenue une somptueuse crapule ; voilà tout.

Je n'écris pas un pamphlet et je m'abstiens de citer des noms.

Arrivés à leur but, les hommes de joie et les hommes de proie déclarent hautement que la question sociale n'existe pas. Le parti socialiste, ou, pour parler plus exactement, le parti collectiviste n'est pas de cet avis, et les progrès incontestables qu'il a faits dans ces dernières années ne permettent pas de les regarder comme une quantité négligeable. Cela est si vrai que les prétendus démocrates parvenus au pinacle avaient l'intention bien avérée de ne pas le négliger, le premier mai dernier.

A ce propos, comme il y a des collectivistes qui sont de braves gens et à qui je serais fâché qu'il arrivât malheur, je dois les prévenir qu'il y a, parmi les démocrates dont ils ont fait la

fortune, des citoyens qui ne demandent qu'à les traiter, eux collectivistes, comme des jésuites, et qui ne désirent rien tant que d'avoir une bonne occasion de leur appliquer les lois existantes. Le jour où leurs menées causeraient des ennuis aux démocrates nantis, je ne serais nullement étonné qu'on ne se laissât tenter par la pensée de leur appliquer certain décret du 17 mars 1793, ainsi conçu : « La Con-
« vention nationale décrète la peine de mort
« contre quiconque proposera une loi agraire
« ou toute autre subversive des propriétés
« territoriales, commerciales et industrielles. »
Qui sait si on ne trouverait pas des gens pour croire que ce décret n'est pas abrogé, et ce que pourrait être la décision d'un jury composé de bons propriétaires ?

Comment se fait-il que les honnêtes gens, d'où qu'ils viennent, n'aient pas encore songé à se coaliser pour émonder ce phénoménal recueil d'insanités que nous appelons le *Bulletin des Lois*? Monstrueux amas de sottises et de vilenies, c'est le grand arsenal de toute tyrannie. Aucun de ceux qui sont descendus dans cette sentine ne saurait me contredire. Je n'y descends jamais, pour ma part, sans un profond sentiment de tristesse. Là se manifeste la vie *réelle* de notre nation. Le droit, c'est le peuple, comme le style c'est l'homme. On se commet rarement avec le *Bulletin des Lois* sans se sentir profondément humilié.

Si je voulais dire tout ce que j'ai sur le cœur à ce sujet, j'abuserais de la digression. Je me hâte de revenir à la question sociale.

Les collectivistes, à les entendre, seraient les seuls en mesure, avec leur système, de faire régner la justice.

Il nous faut donc, pour atteindre notre but, examiner si les doctrines qu'ils préconisent sont de nature à satisfaire cette faim et cette soif de la justice, dont, tous, nous nous prétendons tourmentés.

CHAPITRE VIII.

Le Collectivisme.

Je voudrais, à l'exemple de Schäffle, mais plus brièvement qu'il ne l'a fait, donner la quintessence du collectivisme.

Pour rendre plus saisissante mon exposition, je placerai dans la bouche d'un ouvrier les arguments dont les nouveaux socialistes aiment à se servir. Un autre ouvrier répondra. Le court dialogue qu'on lira ne sera pas cependant une œuvre de pure imagination, car j'ai puisé plus d'un trait de ce dialogue dans les pièces d'une poursuite dirigée, en 1870, contre les membres de l'association internationale des travailleurs.

A..... Tu vois M. Le Bourgeois ; il n'a jamais rien fait de ses dix doigts. Quant à son esprit, on en attend rien et il n'y a rien à en attendre ; n'en parlons pas. Veux-tu bien me dire de quoi il a vécu depuis qu'il est au monde, et il y est depuis un bon demi-siècle ? — Je vais te le dire, moi ; il a vécu du travail d'autrui, puisqu'il n'a jamais rien fait. C'est un parasite. Il appartient à cette minorité de paresseux et de vampires qui nous exploitent et que nous ne devrions pas tolérer.

B..... Tu n'as pas le sens commun. M. Le Bourgeois a vécu du travail de son père, jadis ouvrier comme nous, puis devenu patron. Il n'y a rien à dire à cela. Je travaille du matin au soir et je ne consomme pas tout le produit de mon travail. Je dois être le maître de laisser à mes enfants ce que je n'ai pas voulu consommer. Si on ne me laissait pas cette faculté, je te promets bien que j'en prendrais plus à mon aise. Je n'aurais certainement pas le cœur de peiner et d'économiser, comme je le fais, si ceux que j'aime le plus au monde ne devaient pas être les premiers à en éprouver quelque soulagement.

A . . . . . Tu es dans l'erreur quand tu dis que ce fainéant a vécu des produits accumulés du travail de son père. Celui-ci, en mourant, lui a laissé, je le tiens de bonne source, huit cent mille francs, en chiffre ronds. Lui qui n'a jamais rien produit a vécu jusqu'ici, dépensant plus en un jour que tu ne dépenses avec tous les tiens en un mois. Crois-tu qu'il ait entamé ses huit cent mille francs ? Pas le moins du monde. Notre homme sait compter et il mourra millionnaire. Il n'a donc vécu ni de son travail, ni des produits accumulés du travail de son père. C'est par conséquent aux dépens des travailleurs qu'il a mené sa large vie.

B . . . . . Tu oublies que les huit cent mille francs de son père lui produisent trente et quelques mille livres de rente, qu'il n'en dépense que vingt-quatre et qu'il est tout naturel qu'il soit aujourd'hui millionnaire.

A . . . . . Rien n'est moins naturel à mon avis. Ce n'est qu'à l'aide d'odieux artifices que le fruit du travail d'un homme, au lieu de dépérir faute d'être consommé, se multiplie sans que le maître y mette la main. Le chasseur ou le pêcheur qui prennent plus de gibier ou de poisson qu'ils n'en peuvent consommer, le pasteur ou le laboureur qui recueillent plus de produits qu'il ne leur en faut pour subsister, sont impuisants à les conserver, ou ne les conservent qu'avec des soins infinis. Par quel miracle parvient-on sans labeur, et très souvent sans risques, non seulement à conserver, mais à faire foisonner les biens qu'on a pu mettre en réserve ? L'argent, marchandise universelle, peut bien masquer l'opération dont je te parle, mais il n'en change pas la nature.

B . . . . . Il y a du vrai, j'en conviens, dans ce que tu dis là. — Un camarade n'a rien à manger et je lui prête un hectolitre de blé ; je l'oblige. Lui, de son côté, me rend service à son tour ; non pas, évidemment, en me restituant plus tard un hectolitre de blé de même qualité, car il ne fait alors que payer sa dette, et on ne peut pas dire qu'un débiteur rend service à son créancier en lui payant ce qu'il lui doit ; mais, grâce au prêt que j'ai fait à ce camarade, je retrouve, après un laps de temps plus ou moins considérable, mon hectolitre de blé sans avoir eu la moindre peine pour en assurer la conservation. Denrée pour denrée, service pour service, je serais injuste en demandant quoi que ce soit en sus de mon hectolitre de blé.

Seulement, je te ferai remarquer que tous les prêts ne sont pas faits dans les mêmes conditions.

Mon voisin a besoin d'un hectolitre de blé pour ensemencer sa terre. Je le lui prête. Si, grâce au prêt que je lui ai fait, il récolte, l'année suivante, dix hectolitres de bon froment, n'ai-je pas le droit de lui dire : Tu vas me rendre la quantité de semence que je t'ai prêtée l'an passé, mais comme il est clair que, sans la semence fournie par moi, tu ne bénéficierais pas aujourd'hui des neuf hectolitres qui vont te rester, n'est-il pas juste que j'aie une petite part de ces neuf hectolitres produits par cette semence, qui, elle-même, en partie du moins, est le produit de mon travail ? Nous avons contribué l'un et l'autre au résultat acquis ; il y a un partage à faire entre nous.

Si ma prétention est raisonnable, il me sera bien permis, par prudence, pour éviter toute discussion, toute ingérence désagréable dans les affaires de mon voisin, de lui dire, en lui prêtant un hectolitre de semence : Je te prête cent litres de froment, mais à une double condition : Premièrement, tu me rendras, après la prochaine récolte, cent litres de froment de même qualité ; Deuxièmement, pour ma part dans le produit que tu obtiendras, tu me remettras, non pas telle ou telle fraction de ce produit, mais une quantité que nous allons déterminer à forfait, soit cinq litres ; au total : cent cinq litres.

Allons plus loin. Au lieu de fournir la semence, je fournis à mon voisin vingt-cinq francs pour acheter cette semence, et je stipule qu'il me rendra, après la prochaine récolte, vingt-six francs vingt-cinq centimes. L'argent, marchandise universelle, comme tu me le disais tout à l'heure, masque la première opération; il n'en change pas la nature.

Où donc est l'injustice ?

A . . . . . L'usure, dans le second cas, n'a

pas le caractère de barbarie qui révolte dans le premier ; elle ne laisse pas néanmoins d'être injuste.

Allons au fond des choses.

Habitués aux conditions sociales présentes, nous avons peine à comprendre que le travail doit être l'unique substance de toute valeur échangeable.

Le travail est l'effort fait par l'homme en vue d'un résultat économique. S'il ne crée pas les choses, le travail les transforme, il les modifie. Il n'y a que l'effort qui puisse payer l'effort, que le travail qui puisse payer le travail. Service pour service, voilà la loi.

Pour faire entrer en ligne de compte, dans les échanges, les utilités que l'homme n'a pas créées, la terre et ce qu'elle renferme, il faut admettre que cette terre, destinée à faire vivre tous les hommes, peut être accaparée par quelques-uns seulement ; ce qui est absurde.

Puisque nous avons tous le droit de vivre, et que nous ne pouvons vivre que de la terre, que de ce qu'elle enserre, que de ce qu'elle produit, il est non moins évident que tels ou tels n'ont pas le droit de s'emparer au préjudice de tous de ce qui est destiné à nous faire vivre tous. Les agents naturels doivent donc être la propriété, non pas de quelques-uns, mais de la collectivité.

Qu'on ait toléré l'appropriation de la terre quand les hommes étaient peu nombrenx, je le comprends. Pourqui chercher querelle à qui, dans le présent, ne nuisait à personne en s'appropriant les agents naturels? Mais quand, par suite de la multiplication du genre humain, cette appropriation devient aussi nuisible que possible, la tolérance n'est plus de saison.

Cela dit, j'en arrive à ton prêt de semence. Tout compte fait, tu as employé, je suppose, tente-six heures de travail pour produire un hectolitre de froment. Tu as plus de blé qu'il ne t'en faut pour ta subsistance et tu en prêtes à ton voisin un hectolitre. Un an se passe et ton voisin te remet, après sa récolte, un hectolitre de froment dont la production a exigé de sa part trente-six heures de travail. Il te rend l'équivalent de ce qu'il a reçu de toi. S'il est aussi fort et aussi adroit que tu peux l'être, pourquoi veux-tu qu'il soit astreint à travailler deux ou trois heures de plus pour toi que tu n'as travaillé pour lui ? Tu veux donc t'enrichir à ses dépens ?

Si chacun des grains de blé qui formaient l'hectolitre prêté a produit dix grains, ce n'est pas toi qui a mis dans le grain la force de reproduction qui s'y trouve. Tu ne peux revendiquer que la somme de travail, que la somme d'efforts qui s'est incorporée dans ton hectolitre de froment.

Dans la semence que tu as prêtée, il n'y a que cela qui t'appartienne en propre ; le reste est usurpé.

Je veux bien que l'usurpation soit nécessaire, mais ce n'est pas une raison pour que tu t'attribues le droit de bénéficier exclusivement des utilités qui n'émanent pas de toi et qui doivent servir, comme je te l'ai déjà dit, à faire vivre tous les hommes.

Quiconque se fait payer de ce qu'il n'a pas gagné n'est pas un homme juste. Le propriétaire, par exemple, qui se fait payer la fertilité naturelle du sol, est injuste en cela. Quand la terre arable, dans un pays à peine peuplé, s'offre à qui veut la prendre, on ne trouve personne qui donne quoi que ce soit à un de ceux qui occupent la terre pour user à sa place du coin qu'il occupait et qu'il voudrait bien délaisser. Pourquoi donnerait-on la moindre chose pour prendre la place de celui-ci ou de celui-là quand on peut se procurer gratis l'équivalent de ce qui vous est offert ? Ce n'est que quand l'instrument de travail, que quand l'outil-terre est accaparé par quelques-uns que les accapareurs parviennent à en tirer profit. Ceux qui se trouvent investis du monopole des moyens de production font la loi à ceux qui en sont dépourvus. Il faut travailler pour eux ou mourir de faim. Ils ne font rien pour le travailleur en échange des efforts que celui-ci fait pour eux, et ils se croient quittes envers lui par cela seul qu'ils lui abandonnent les moyens de production que la nature offre à tous les hommes et qu'ils ont indûment confisqués à leur profit singulier. C'est une souveraine injustice.

Mais ce n'est pas seulement l'outil-terre qui

a été ainsi accaparé, ce sont tous les instruments de production. Celui qui n'a que ses deux bras est à la merci des monopoleurs. Grâce à ce beau système, ces derniers parviennent à vivre dans l'abondance sans se livrer à aucun travail.

Le vampire est créé.

Nos anciens sentaient le danger qui couvait sous un pareil système ; aussi, pendant longtemps, le clergé catholique a-t-il énergiquement combattu le prêt à intérêt. Ses arguments auraient été irréfutables, s'il ne s'était pas arrêté à moitié route dans ses raisonnements. Je vais t'en donner la preuve.

Un marchand, enrichi en quelques années, voulait abandonner le commerce pour vivre noblement ; on ne lui permettait pas de prêter son argent, même à trois pour cent, à un laboureur qui avait besoin de cent mille francs pour acheter une terre qu'il se proposait de cultiver. Mais on trouvait très raisonnable de permettre au marchand d'acheter la terre que le laboureur convoitait et de la louer à ce dernier par le prix de trois mille francs par un. Le résultat pourtant était le même, car notre marchand parvenait, dans le second cas comme dans le premier, à vivre sans travail aux dépens d'autrui.

Je dis aux dépens d'autrui ; en effet, si tu veux bien faire le compte, tu verras que, la vie du marchand se prolongeant trente-quatre ans après son acquisition, ce marchand avait touché, pendant ce laps de temps, cent deux mille francs de son fermier ; plus, par conséquent, que le prix d'achat, et sa terre ne laissait pas de valoir encore tout au moins cent mille francs.

Comment pouvait-on le regarder comme un honnête homme, parce qu'il avait touché ces cent deux mille francs *à titre de fermage*, au lieu de les toucher *à titre d'intérêts ?*

C'est ce que je ne comprends guère.

B . . . . . Je vois bien ce qu'un chicaneur pourrait trouver à dire sur ton raisonnement, mais il n'y a pas de chicane qui tienne, le prêt à intérêt et la rente du sol, je le comprends maintenant, sont les deux grands moyens à l'aide desquels on parvient à vivre sans travailler.

Comme on ne vit pas sans manger, sans consommer, il faut qu'il y ait des ouvriers qui travaillent durement, non pas seulement pour vivre, mais pour faire vivre ceux qui ne font rien.

Si les fainéants consommaient le fruit du travail de ceux qui les ont précédés dans la vie, nous ne pourrions pas dire que nous les nourrissons. Comment ne pas le dire quand ces désœuvrés meurent plus riches qu'ils n'étaient en venant au monde?

Il n'est que trop évident qu'ils n'ont pu vivre que de notre travail à nous, les gens de peine.

Tous ces rentiers qui ne font rien autre chose que de toucher leurs coupons, tous ces propriétaires qui se contentent de toucher leurs fermages ou leurs loyers, sont de véritables enfants à la mamelle, avec cette différence qu'on n'a rien à attendre de ces rentiers, de ces propriétaires, tandis qu'on peut espérer faire un travailleur de l'enfant qu'on allaite.

A vrai dire, tous ces oisifs qui ne savent que tendre la main pour recevoir le montant du coupon, du fermage ou du loyer, jouent un plus triste rôle que celui du mendiant.

Mais comment se débarrasser des vampires ?

Allons-nous partager les 33,032,690 hectares de terre labourable, prés, herbages, vignes, vergers et jardins qui existent en France, entre les 38,218,903 êtres humains dont on a constaté l'existence lors du dernier recensement ? Demain ce serait à recommencer. Les fainéants, les ivrognes et les débauchés se ruineraient en un tour de main, et les mendiants pulluleraient huit jours après le partage comme aujourd'hui.

Du reste, les décès et les naissances, à eux seuls, nécessiteraient un remaniement incessant du partage.

A . . . . . Quelle extravagance ! Tu nous prends donc, nous autres collectivistes, pour des imbéciles ? Loin de nous le projet enfantin que tu nous prêtes, trompé que tu es par les calomnies intéressées d'adversaires sans pudeur.

Nous ne demandons pas à partager. Voici ce que nous voulons.

On entend par capital une accumulation de produits destinés à la production. Nous demandons tout simplement que les dons gratuits de la nature, les terres labourables, prés, herbages, vignes, vergers, jardins, bois, landes, mines, etc., et le capital pris dans le sens que je viens d'indiquer, cessent d'être des propriétés privées. Tous les moyens de production deviendraient la propriété de la collectivité, de l'État. Désormais, on ne pourrait plus vivre, de génération en génération, sans travailler comme beaucoup de familles le font de temps immémorial, grâce à l'accaparement, grâce au monopole des moyens de production.

Ne va pas croire que pour faire régner la justice nous commencerions par commettre une injustice. Nos bourgeois se plaisent à nous imputer des projets de vol gigantesques, imputation assez piquante dans la bouche des enfants de ceux qui dépouillaient naguères, sans honte, le clergé et la noblesse. Qu'on se rassure ; nous n'entendons voler personne. L'expropriation des agents naturels et du capital privé se fera pour cause d'utilité publique.

De même qu'il serait intolérable qu'un propriétaire pût refuser, aujourd'hui, d'abandonner moyennant une juste et préalable indemnité un terrain nécessaire pour un chemin de fer qui ne pourrait manquer d'enrichir toute une contrée, de même il serait intolérable que des propriétaires, des capitalistes, malgré l'indemnité qu'on leur accorderait, pussent empêcher *pour l'avenir* un *meilleur* mode de production que le mode de production actuel. En paiement du prix des biens expropriés nous ne donnerons pas aux propriétaires, aux capitalistes, des titres de rente, nous leur donnerons des *bons de consommation*.

L'État est déjà propriétaire de cette partie de tous les fonds de terre que représente le capital de l'impôt foncier, puisque les particuliers achètent ces fonds de terre distraction faite de ce capital. L'impôt n'existant plus dans notre système, le capital de l'impôt foncier sera nécessairement déduit lors de l'évaluation de la valeur de la terre. Autrement, les propriétaires actuels feraient un bénéfice aux dépens de l'État. Il y aurait bien, peut-être, quelque autre déduction à faire, mais cela nous entraînerait trop loin. Il suffit de poser les principes.

Nous avons déjà décidé que ces annuités seraient payées aux ayant-droit par fractions annuelles.

Quant au nombre des annuités, cela dépend nécessairement du quantum des évaluations du prix des biens expropriés et des disponibilités que laisseront les paiements en nature faits annuellement, toujours à l'aide de bons de consommation, aux agents de la production et aux services publics.

Lorsque nous aurons fait des agents naturels une propriété collective, lorsque nous aurons transformé les capitaux privés qui engendrent la concurrence anarchique en capital social unitaire, nous n'aurons plus besoin de monnaie.

Chacun sera payé de sa peine par des bons de consommation représentant la valeur de son travail. Nous tiendrons compte, bien entendu, non seulement de la durée du labeur, mais de sa qualité.

Adieu la Bourse, l'agiotage et toutes ses filouteries. La grand caverne de voleurs sera fermée. Plus de rentes et plus d'intérêts ; tout cela sera de l'histoire ancienne.

Sois bien convaincu, d'ailleurs, que tu pourras disposer alors librement, comme aujourd'hui, des fruits de ton travail. Nous n'entendons abolir ni l'héritage ni le testament. Si tes enfants veulent vivre dans l'oisiveté, ils pourront imiter M. Le Bourgeois ; seulement, quand ils mourront, je t'en préviens, ils ne mourront pas millionnaires. Les bons de consommation que tu leur auras laissés ne foisonneront pas dans leurs mains ; ils diminueront forcément de jour en jour, car alors tes enfants ne pourront pas vivre comme M. Le Bourgeois, aux dépens de leurs contemporains. On épuise bien vite un sac de blé dans lequel on puise sans jamais y remettre du grain. Ils verront promptement, tu peux y compter, la fin de tes bons de consommation, et bon gré mal gré, il leur faudra peiner à leur tour pour subvenir à leurs besoins. Ce sera justice.

Une organisation du travail national socialement ordonné, remplacera l'anarchie actuelle. Sous une direction unitaire aidée d'un puissant contrôle, une vaste manutention fera face à toutes les nécessités. Un système d'emmagasinage et de transports de produits sera organisé de manière que toutes sortes de produits pourront être délivrés aux individus dans la mesure du travail qu'ils auront consacré à la production sociale. Les magasins de livraison donneront le branle à la production.

Malgré les apparences, ce sera moins compliqué que tu ne l'imagines, car, après tout, ce ne sera qu'une simple généralisation des services publics.

Des gens qui se croient habiles se moquent de nous, mais nous n'en faisons pas moins d'incessants progrès. En poussant à la centralisation, ces prétendus habiles travaillent pour nous, sans s'en douter. Tout ce qui discipline les masses unitairement les rend de plus en plus aptes à la transformation économique que nous méditons.

On ne croyait pas en 1788 à la Révolution, pourtant imminente ; on ne croit pas non plus en 1891 à la Révolution sociale non moins imminente. Tant mieux ! Cela nous permet de gagner plus facilement du terrain.

Savez-vous, dirai-je au lecteur, ce que répondent souvent les plus honnêtes ouvriers aux apôtres socialistes qui prêchent la nouvelle doctrine que j'ai essayé d'analyser de mon mieux dans les lignes qui précèdent ? — La réponse ne varie guère. C'est celle dont m'a fait confidence l'interlocuteur de A....., qui n'est rien moins qu'un être chimérique. Plus d'un, paraît-il, l'a faite après lui.

« J'avoue, répondit B....., finalement, que
« je ne parviens pas à me faire une idée claire
« des moyens à l'aide desquels pourra fonc-
« tionner la nouvelle machine gouvernemen-
« tale, mais abolir la paresse, la vie parasite,

« et donner à l'ouvrier une rémunération égale
« à la valeur de son travail, cela me va et je
« suis ton homme. »

Cela dit, B..... ne tarda pas à être enrégimenté. Il devint membre d'un cercle d'études économiques. Or, ce petit groupe est un des organes de l'Association internationale des travailleurs qui, tôt ou tard, si notre société moderne s'obstine dans ses voies, nous donnera une plus formidable *leçon de choses* que celle qui nous a été donnée par ce qu'on appelle sottement : La *grande* Révolution.

Dans le temps où nous sommes, B....., ne nous y trompons pas, devient *légion*, et ce n'est pas sans motifs assurément que j'affirmais, en commençant ce travail, la nécessité de creuser jusqu'au fond ce qu'on appelle la question sociale.

Je n'essaierai pas de réfuter de point en point le collectivisme qui devrait s'appeler de son vrai nom : L'IRRÉALISABLE. Il a été déjà réfuté de main de maître.

Dans le camp socialiste, on n'a répondu à M. Paul Leroy-Beaulieu que par des injures.

Ce n'est pas que les injures m'effraient ; mais je n'ai pas l'outrecuidance de croire que je parviendrais à mieux faire que le savant professeur d'économie politique du collège de France. Je ne serais pourtant pas disposé à souscrire toutes les propositions de M. Leroy-Beaulieu. Il fait, à mon estime, trop bon marché des griefs des collectivistes. Les critiques acérées, dirigées par ces derniers contre le régime économique que nous subissons, méritent souvent plus d'attention qu'il ne croit devoir leur en donner. Mais quand il s'agit de montrer l'inanité des théories positives de l'École socialiste et tout ce qu'il y a de hâblerie dans les promesses faites aux ouvriers, personne, il faut le reconnaître, ne s'est mieux acquitté que lui de cette tâche. Je renvoie donc à son livre : *Le collectivisme, examen critique du nouveau socialisme,* ceux qui désirent s'édifier complètement sur les théories de Karl Marx, de Lasalle, de Schäffle, d'Henri Georges ou de M. de Laveleye. Je me contenterai, pour ma part, de quelques réflexions.

Les écrivains collectivistes, on l'a dit avec

raison, aiment à se cantonner dans la critique du régime économique actuel, et se gardent soigneusement de toute explication détaillée sur le système de réorganisation sociale qu'ils tiennent en réserve. Ce sont des entrepreneurs de démolitions plutôt que des architectes. Lorsque, par accident, ils abordent la reconstruction, on ne tarde pas à s'apercevoir qu'il n'y en a pas deux dont les plans soient les mêmes. Je viens de donner quelques linéaments des projets de réorganisation économique légèrement exquissés par Schäffle, mais je dois dire qu'en France on ne va pas généralement aussi loin que lui. On paraît, chez nous, vouloir se contenter de l'appropriation du sol au profit de la collectivité, c'est-à-dire de l'État.

Puisque j'écris en France pour des Français, parlons donc simplement de ce projet, le moins impraticable de tous, en apparence.

Quand la matière terrestre, instrument nécessaire de toute production, appartiendra désormais exclusivement à l'État, nous serons tous alors copropriétaires du sol français.

Mais nous le sommes déjà pour partie. Je ne parle pas du domaine public, des chemins, routes et rues, en un mot de tout ce qui est énuméré dans les articles 538 et 540 du Code civil; non, je parle du domaine de l'État, de ces vastes forêts, par exemple, que nous appelons les forêts nationales. La perspective de me voir copropriétaire des 50,935,159 hectares qui composent la superficie utilisable du sol français, en dehors des routes, fleuves, rivières, etc., comme je suis copropriétaire de la forêt de Lyons, ma voisine, me laisse, de prime abord, absolument froid.

A la réflexion, je serais même épouvanté, si je pouvais croire les projets des nouveaux socialistes réalisables. C'est que je crois savoir ce que c'est que l'État.

Ne soyons pas la dupe des mots. L'État, c'est aujourd'hui la société en participation, dite la concentration républicaine; demain, ce sera une bande quelconque de politiciens syndiqués sous je ne sais quelle étiquette. Bref, l'État s'incarne toujours dans une bande pourvue d'un chef, quelquefois bon, le plus souvent médiocre, de temps en temps mauvais ou sot, quand il n'est pas tout ensemble sot et méchant. Ce chef n'ose pas toujours dire comme Louis XIV : L'État, c'est moi, mais il ne se fait pas faute de le penser et il agit en conséquence. C'est donc une bande quelconque qui remplacerait les sept ou huit millions de Français qui détiennent le sol de la France.

La belle innovation ! La bande assumera tout simplement le rôle des propriétaires actuels. Il n'y aura donc en réalité qu'un changement de personnel.

En effet, si vous affermez la terre arable au laboureur, la vigne au vigneron, la forêt au marchand de bois, dans quel état la terre arable, la vigne, la forêt, seront-elles à la fin du premier bail ? La production, momentanément accrue, sera considérablement diminuée dès le second bail. La terre, qui n'aura pas reçu les engrais nécessaires, la vigne, épuisée par une culture forcée, la forêt saccagée, ne tarderont pas à devenir des déserts. La misère générale suivra bientôt.

Une surveillance incessante deviendra nécessaire. Rien que pour les bois qui appartiennent maintenant aux particuliers, combien vous faudra-t-il ajouter de conservateurs, d'inspecteurs, de gardes généraux et particuliers à la légion de forestiers que l'État possède déjà ? C'est pourtant là que la tâche sera la plus facile. Quel sera le nombre des agents que nécessitera la surveillance des terres labourables, des prés, des hergages, des vignes, des vergers et jardins ? Ce sera effroyable !

Eh, quoi ! Sur dix millions d'électeurs nous en comptons déjà neuf cent mille qui sont fonctionnaires, et vous ne songez à rien moins qu'à tripler ou à quadrupler le nombre de ces derniers ! Dix électeurs ont aujourd'hui un fonctionnaire à nourrir et vous voulez donner, à chaque dizaine d'électeurs, quatre ou cinq fonctionnaires à entretenir. Mais, c'est insensé !

Un malade pesant soixante kilogrammes, atteint de la maladie pédiculaire, est irrévocablement perdu quand les insectes qui le rongent pèsent à eux seuls six kilogrammes. La société française, minée par un mal analogue, est dans un état qui se rapproche singulièrement de celui que les médecins considèrent comme mortel pour le malade dont nous venons de parler. C'est sous peine de mort qu'il nous faut arrêter le développement du fonctionnarisme.

Les gens qui veulent se débarrasser des propriétaires prêchent une opération chirurgicale qui peut être très profitable aux chirurgiens qui l'exécuteront, mais qui serait aussi cruelle que peu salutaire pour le corps social. Très forts en anatomie pathologique, ils sont d'une ignorance profonde en thérapeutique. Le profit immédiat que semble devoir procurer l'opération les aveugle. Ils ne paraissent pas préoccupés de l'infection purulente qui suivrait cette opération.

S'ils connaissaient mieux le microbe pathogène qu'on se propose de multiplier pour remplacer les propriétaires, les collectivistes de bonne foi reculeraient épouvantés. Qu'on se préoccupe des microbes tant qu'on voudra, mais que cela n'aille pas jusqu'à faire oublier les ravages de certains macrobes (1).

Je n'insiste pas. Le collectivisme n'est rien autre chose que le fonctionnarisme à sa plus haute puissance. Tout homme de bon sens et de bonne foi, qui prend la peine de réfléchir un instant sur ses théories positives du nouveau socialisme, comprend et sent vivement que le système embryonnaire que nous offrent les collectivistes ne tend qu'à diminuer, dans des proportions considérables, le nombre des producteurs, et, par conséquent, la production.

(1) Au congrès de Châtellerault, la race des macrobes pathogènes vient de donner un bel échantillon de ses aspirations. Voici ce que je lis dans un journal du 17 octobre 1890 :

Le congrès a pris les résolutions suivantes : art. 1..... art. 2. Un service complet de la solidarité humaine sera *créé* et réuni à un service public de l'hygiène. Ces deux services réunis relèveront d'un *ministère spécial*. Art. 3..... art. 4. Les dépenses nécessaires à la création du service public de la solidarité humaine seront créditées par la suppression du budget des cultes et le retour à la nation des biens des congréganistes.

Cette cupidité bouffonne et cette improbité sans pudeur montrent ce qu'on peut attendre d'un trop grand nombre de prétendus socialistes.

Quelques socialistes ont imaginé qu'on pourrait faire cultiver directement le sol par l'État, autrement dit par la bande qui nous gouvernera.

Une triste expérience nous a appris que les entreprises industrielles, conduites par le gouvernement, ne tournent jamais au profit de la nation qui en fait les frais. Les agents de l'exploitation ne déploient pas cette activité dans le travail, cette économie dans les dépenses, qui assurent le succès des entreprises dirigées par ceux qui doivent trouver, dans ces mêmes entreprises, la fortune ou la misère.

On pourrait encore se consoler de la ruine, si l'esclavage n'en était pas le corollaire. Se figure-t-on ce que serait, sous un pareil régime, le sort des malheureux qui n'appartiendraient pas à l'immense meute des gouvernants ? Ce serait, nécessairement, le régime militaire appliqué partout.

Avec du courage au travail et de la sobriété, on peut encore se soustraire au joug du propriétaire ; on peut débattre les conditions de la servitude momentanée à laquelle la nécessité oblige à se soumettre. La grève peut avoir raison de ceux qui sont les maîtres des instruments de production. Rien de tout cela ne serait possible le jour où on se trouverait enrégimenté.

Ce qui est effroyable, c'est qu'on sacrifierait sa liberté, non pas pendant trois ans, pendant cinq ans, pendant sept ans, mais pour toute sa vie, et pourquoi ? — Ce ne serait pas pour pouvoir, un jour, verser utilement son sang pour sa patrie, pour la défense de ses frères ; non : ce serait pour avoir l'insigne honneur de..... disons le mot..... de gaver des caporaux.

Après avoir clabaudé pendant un siècle : Vive la liberté ! au fait et au prendre, c'est l'esclavage qu'on nous offre. Ajoutons que l'égalité ne serait plus qu'un souvenir. Quant à la fraternité, ce serait, plus que jamais, cet ensemble de doux rapports qui règnent entre les loups et les brebis. La patrie ne serait plus qu'un grand bagne.

Mieux vaut cent fois contribuer encore pour partie à entrenir l'intempérance et l'oisiveté d'un certain nombre de propriétaires. Je dis d'un certain nombre, car il y en a, Dieu merci, qui ne sont pas, tant s'en faut, un fardeau pour la terre qui les porte, mais qui paient généreusement à la société la dette qui leur incombe.

Que n'aurions-nous pas à dire si nous voulions jeter un coup d'œil sur le collectivisme allemand! Pour cette école, ce n'est pas seulement le sol qui ne pourrait plus être aproprié par les individus, mais les usines, les machines, les outils de toutes sortes. Dans ce système, en effet, les moyens de production, quels qu'ils soient, doivent devenir la propriété collective de tous. Les officiers, sous-officiers et caporaux de l'armée du travail seraient aussi nombreux que les travailleurs. L'esclavage atteindrait la dernière limite du possible.

Et la solde de chacun, comment la fixerait-on ?

Tout produit, disent les collectivistes, doit avoir une valeur égale à la somme de travail incorporée dans sa confection, ni plus, ni moins. Or, pour déterminer la valeur, ou, pour parler plus exactement, le prix d'un produit quelconque, il faut, disent-ils, fixer avant tout le prix moyen de l'heure de travail.

Comme il faut tenir compte non pas uniquement du temps de travail, mais de la qualité du travail, ce n'est pas précisément chose facile.

Les plus avisés se tirent d'affaire en nous affirmant que les corporations ouvrières, quand elles auront conscience du rôle important qui leur appartient dans l'organisation sociale, sauront bien résoudre ce problème. Mais, eux, les avisés, se gardent bien, je ne dirai pas de le résoudre, mais de nous montrer, *par un exemple,* à l'aide de quel procédé les corporations parviendraient à une solution.

J'ai demandé par quelle voie les laboureurs ou les vignerons détermineraient la moyenne de l'heure. Mes interlocuteurs se sont toujours dérobés.

Mieux vaut, en réalité, chercher la quadrature du cercle que de chercher la solution de ce problème. Encore est-il que ma comparaison cloche. Pour la quadrature du cercle, on arrive au moins à une approximation qui suffit aux artisans, tandis que, pour la moyenne de l'heure, je défie bien le plus habile d'arriver, *en prenant un exemple,* à quelque chose de raisonnable.

Le collectivisme, en somme, n'est qu'une démonstration, par l'absurde, de la nécessité de la propriété individuelle. Ce n'est rien moins qu'un remède au mal social. Pour mieux dire, c'est un remède pire que le mal.

Loin de moi, toutefois, la pensée de soutenir que ce théorème : Tout produit doit avoir une valeur égale à la somme de travail *utilement* incorporée dans sa confection, ne soit pas un théorème incontestable. La théorie de l'équitable rémunération du travail n'est pas précisément neuve, non plus que celle du *juste prix*. Il n'y a de neuf, dans le collectivisme, que les moyens proposés pour remédier au mal social. Tous les écrits des nouveaux socialistes me font songer à je ne sais plus quel ouvrage dont parlait Lessing : « Il y a dans ce « livre, disait-il, beaucoup de choses bonnes

« et neuves : Malheureusement le bon n'est
« pas neuf, et le neuf n'est pas bon. »

En somme, le socialisme nouveau, tout comme l'ancien, n'est qu'un abominable leurre. C'est l'organisation du BAGNE POUR TOUS.

CHAPITRE IX.

L'unique solution.

Ce n'est pas à coup sûr par une révolution nouvelle que nous remédierons au mal social.

Les révolutionnaires n'ont jamais su révolutionner que le personnel du gouvernement. « Ils veulent un budget... des fonds secrets le « plus possible. Farce, parade, contre-sens et « contre-bon-sens ; il n'y a rien autre chose à « l'actif de ces gens-là, » disait Proudhon qui les connaissait bien. Il ajoutait : « De tous les « parasites que je connais, la pire espèce est « encore le parasite révolutionnaire. »

Nos nouveaux socialistes, malgré l'horreur qu'ils manifestent pour le parasitisme, en arriveront fatalement à jouer le rôle qu'ont joué tous les révolutionnaires.

Pour peu qu'ils condescendent à réfléchir, ils ne peuvent manquer de reconnaître que leur système n'est, en réalité, comme nous venons de le montrer, que le fonctionnarisme à sa plus haute puissance.

Par un incompréhensible aveuglement, ils méconnaissent la condition essentielle sans laquelle toute amélioration du sort de l'homme est absolument impossible. Proudhon, que nous venons de citer, savait bien, lui, à quoi s'en tenir sur ce point. Dans un de ses moments lucides, il a proclamé cette grande vérité qui s'impose comme un axiome : « Le « sort de l'homme ne peut s'améliorer que « dans la proportion où l'homme s'améliore « lui-même. »

Malheureusement Proudhon était, avant tout, un sophiste. Il ne s'emparait d'une vérité que pour faire pièce à ses adversaires et se gardait bien d'en déduire les conséquences. La vérité est ce qui est, *veritas id quod est*, disait saint Augustin. Dès qu'on l'aborde, on entre dans une voie qui conduit immanquablement à l'Être absolu, à Dieu. Mais Proudhon voulait être athée, et son athéisme le condamnait aux faux fuyants.

Essayons de faire ce qu'il s'est bien gardé de faire, et voyons ce qu'il faut entendre par ces mots : Rendre l'homme meilleur.

Ou les mots n'ont plus de sens, ou cela signifie : Rendre l'homme plus apte à atteindre sa fin.

Quand il ne s'agit pas de l'homme, tout le monde est d'accord. Demandez à qui vous voudrez ce que signifie ce langage : Amélioration de la race chevaline ; toutes les réponses, quels que soient les termes employés, se réduisent à ceci : Améliorer la race chevaline, c'est la rendre plus apte à remplir la fin pour laquelle elle existe.

Quiconque a la prétention de vouloir améliorer l'homme doit donc savoir quelle est la fin de l'homme.

Nous en revenons à notre début, et on peut voir que nous ne disions pas sans raison : La fin dernière ! Tout est là !

Si j'étais athée, comme Proudhon, je serais tenté de dire comme lui : « Il est surprenant « qu'au fond de notre politique nous trouvions « toujours la théologie. » Je crois en Dieu, et, avec Donoso Cortès, j'estime qu'il n'y a ici de surprenant que la surprise de M. Proudhon.

Nos nouveaux socialistes sont athées comme ce dernier. — Je ne les calomnie pas. « En fait de religion, a dit un d'eux, à la tribune du parlement allemand, nous sommes athées. » Personne, dans les rangs du parti, n'a protesté.

Surpris, à leur tour, de trouver la théologie au fond de la politique, les collectivistes ont compris instinctivement qu'il fallait renier l'axiome de Proudhon, et ils ont pris à tâche de soutenir que l'homme était substantiellement et intrinsèquement bon. Il suit de là, sans qu'on ait besoin de le dire, qu'il faut être insensé pour vouloir réformer l'homme. Dédaignant cette entreprise qu'ils tiennent pour absurde, ils prétendent, à qui mieux mieux, que ce sont les institutions politiques, les institutions sociales qui sont mauvaises. A les entendre, c'est là seulement ce qu'il faut réformer.

Ils ne comprennent pas l'absurdité de la proposition qui sert de base à leur système.

La société n'existant pas indépendamment des individus qui la composent, rien ne peut être dans la société qui ne soit antérieurement dans les individus. Par suite, il est de toute évidence que si la société est mauvaise, le mal qui est en elle ne peut venir que de l'homme.

Jamais les collectivistes ne pourront sortir de là.

On ne sera pas étonné que la billevesée qu'ils ont ramassée ait été traitée jadis comme elle le méritait par l'esprit sarcastique qui nous a donné les *Contradictions économiques* et les *Confessions d'un révolutionnaire*. Je ne puis résister au plaisir de citer encore une fois Proudhon, que les socialistes, eux, ne citent que quand il se trompe.

« Vraiment la logique du socialisme est « merveilleuse. L'homme est bon, disent-ils, « mais il faut le désintéresser du mal pour « qu'il s'en abstienne; l'homme est bon, mais

« il faut l'intéresser au bien pour qu'il le pra-
« tique. Car, si l'intérêt de ses passions le « porte au mal, il fera le mal : et si ce même « intérêt le laisse indifférent au bien, il ne « fera pas le bien. Et la société n'aura pas le « droit de lui reprocher d'avoir écouté ses « passions, parce que c'était à la société de le « conduire par ses passions. Quelle riche et « précieuse nature que Néron qui tua sa mère, « parce que cette femme l'ennuyait, et qui fit « brûler Rome pour avoir une représentation « du sac de Troie! Quelle âme d'artiste que « cet Héliogabale qui organisa la prostitution? « Quel caractère puissant que Tibère? Mais « quelle abominable société que celle qui per-« vertit ces âmes divines, et qui pourtant « produisit Tacite et Marc-Aurèle! »

Cette mordante ironie vaut mieux qu'une longue discussion. Bon gré, mal gré, on doit reconnaître que l'homme n'est pas substantiellement et intrinsèquement bon et que c'est ce qu'il y a de mauvais en lui qui gâte les institutions politiques et sociales. Donc, il faut en revenir, à tout prendre, à cette incontestable vérité : Le sort de l'homme ne peut s'améliorer que dans la proportion où l'homme s'améliore lui-même.

On ne veut pas entendre parler de cette maxime, et cela se comprend. Puisque améliorer l'homme, c'est le rendre plus apte à atteindre la fin pour laquelle il existe, on est nécessairement conduit à rechercher quelle est la fin dernière de l'homme. Or, quand on entre dans cette voie, on ne tarde pas à découvrir qu'aucun être contingent ne peut être notre fin dernière et que cette fin dernière ne peut avoir d'autre objet que l'être nécessaire, Dieu, le Dieu vivant, et c'en est fait du stupide athéisme.

Quand on arrive à ce point, nos modernes athées se refusent à toute discussion. A les entendre, ils ne veulent ni Dieu, ni maître; mais c'est pure forfanterie de leur part, car, au fait et au prendre, ce sont des esprits essentiellement serviles. Ils ont tous des fétiches, comme Hégel et Spencer, par exemple, devant lesquels ils s'inclinent, et on perd son temps quand on veut leur montrer à quelles insurmontables objections se heurtent les systèmes, renouvelés des Grecs, qu'ils empruntent à ces fétiches. Ils acceptent, bouche bée, les ridicules dogmes du Monisme et de l'Évolutionisme, sans paraître soupçonner qu'avec les bourdes que ces mots recouvrent toute loi morale disparaît, pour ne laisser place dans ce bas monde qu'à la force brutale. Aucune règle de morale, en effet, n'est possible sans la foi en un Dieu législateur et juge de l'homme, sans la ferme persuasion de la Providence divine, de la spiritualité et de l'immortalité de l'âme.

Ils ont essayé cependant, je ne l'ignore pas, de tourner la difficulté, en imaginant, pour donner satisfaction aux préjugés des masses, une morale indépendante. Mais je sais aussi que toutes les tentatives pour édifier cette morale n'ont abouti qu'à de lamentables échecs.

Dans ce désarroi, les socialistes, au lieu de chercher à améliorer l'homme, n'ont plus songé qu'à l'application d'un mécanisme qui, comme nous croyons l'avoir suffisamment démontré, va droit à l'encontre du but que ses inventeurs semblent vouloir atteindre.

Les collectivistes font fausse route, parce qu'ils sont aveuglés par le grossier athéisme dont ils font tous profession. Ce qu'ils ne peuvent même pas tenter, le vrai christianisme seul peut le réaliser. C'est ce que nous voulons essayer maintenant de démontrer.

Voici le fait que Le Play, dans sa Réforme sociale, ne craint pas de mettre en avant. « L'étude méthodique des sociétés européen-« nes, nous dit-il, m'a appris que le bien-être « matériel, et en général les conditions essen-« tielles à la prospérité, y sont en rapport avec « l'énergie et la pureté des convictions reli-« gieuses. Je ne crains pas d'affirmer que tout « observateur qui recommencera cette étude « avec un esprit dégagé de tout parti-pris sera « nécessairement conduit à cette conclusion. »

Ce fait, signalé par Le Play, est un fait d'expérience. Il attend encore un contradicteur.

Pour qui demande des faits et non pas des paroles, il n'en faut pas davantage pour comprendre qu'une renaissance chrétienne peut seule préserver la société moderne de l'effondrement dont elle est menacée. C'est assez dire que je mets, avant tout, ma confiance dans l'apostolat. Lui seul peut aller droit au dedans, aux causes, à l'âme.

Le mal vient de ce que nous tous qui nous targuons d'être chrétiens parce que nous avons la marque du christianisme, c'est-à-dire parce que nous sommes baptisés, nous n'avons plus l'esprit du christianisme.

Soyons de bonne foi. Nous ne pouvons dire aux ouvriers, aux pauvres, ce que Tertullien disait, il y a seize cents ans, aux païens qui l'entouraient : « Regardez comment nous « vivons et vous ne mépriserez pas ce que « nous croyons. » Presque tous, sinon tous, nous pouvons répéter avec une profonde conviction ces paroles qu'on lit dans les prières durant la messe : « Je crois et je vis, mon Dieu, comme si je ne croyais pas, ou comme si je croyais un Évangile contraire au vôtre. »

Notre Seigneur dit aux riches : Vous estimerez, vous pratiquerez la pauvreté. Or les riches chrétiens n'estiment pas, ne pratiquent pas la pauvreté. — Nous croyons que quand on a du bien on peut le dépenser comme on veut. Eh bien! non ; personne n'est maître de son superflu. — Nous demandons à Dieu tous les jours qu'il nous donne notre pain quotidien. En nous enseignant cette prière, Jésus-Christ nous instruit à ne demander que le nécessaire. Mais qui de nous récite le *Pater* dans l'esprit du christianisme ? « Le nécessaire, s'é-« criait Bossuet, quelle pauvreté ! Les lèvres « le demandent, le cœur le dédaigne. La con-« voitise ne connaît pas les bornes de la né-« cessité..... Nous comptons pour rien tout le « nécessaire. Cela est trop commun et par « conséquent ne nous touche pas. Il est venu « dans le monde une certaine bienséance « imaginaire qui nous a imposé de nouvelles « lois, qui nous a fait de nouvelles nécessités « que la nature ne connaissait pas. De là il est « arrivé qu'on peut être pauvre sans manquer « de rien. Je n'ai ni faim, ni soif, je suis chauffé « et vêtu, et avec tout cela je puis être pauvre « parce que la prétendue bienséance a trouvé « que la nature qui d'elle-même est sobre et « modeste n'avait pas le sentiment assez dé-« licat...... Quelle honte que nous osions

« après cela demander du pain et le demander « à Dieu même qui sait combien nous mé« prisons ce présent.

« Apprenons donc, avant toutes choses, à « nous contenter du nécessaire. — Ah ! direz« vous que cela est dûr. — C'est l' Évangile ; « le Fils de Dieu n'a dit que cela ; n'en atten« dez pas davantage ».

Les Pères de l'Église aimaient à rappeler que Dieu avait marqué aux Israëlites une certaine mesure pour prendre la manne. Tout ce que l'avidité entassait au-dessus se trouvait, le matin, changé en vers. C'était pour nous apprendre que de se vouloir remplir par-dessus la mesure ce n'était pas amasser, mais perdre et dissiper entièrement. Dieu nous montre dans l'Exode, par un fait palpable, la réalité des choses que nos esprits bornés ont peine à concevoir. Saint Jean Chrysostôme nous la fait bien sentir, cette réalité, dans une de ces vigoureuses apostrophes dont il était coutumier : « En vain, dit-il, t'es-tu saoulé à cette « table ; tu as pris plus de pourriture et non « plus de substance et plus d'aliment. La na-

« ture connaît ses bornes et tout le reste la « surcharge. »

Il en est du logement comme de la nourriture. « La simplicité de ce logis, ajoutait Saint « Chrysostome, suffisait pour te mettre à « couvert ; toute cette pompe que l'ambition « y a ajoutée ne sert plus de rien à la nature ; « tout cela est perdu pour elle ; ce n'est plus « qu'un amusement et un vain spectacle des « yeux. »

Ce n'est pas tout. Le christianisme nous impose à tous la loi du travail.

Bossuet, qu'on n'a jamais rangé parmi les esprits exagérés, va nous dire jusqu'à quel point cette loi nous oblige.

« Tu mangeras ton pain à la sueur de ton « front, *In sudore vultus tui vesceris pane tuo.* « (Gen. III, 19). Lorsque Dieu prononça cette « malédiction contre le premier homme, a-t-il « prétendu faire une loi générale qui comprît « toute la postérité d'Adam ? — Oui, évidem- « ment ; c'est ce que le saint Esprit nous dit « clairement dans le chapitre quarantième de « l'*Ecclésiastique*.

« L'homme qui ne veut pas avoir part aux « travaux des autres hommes se révolte contre « Dieu. La créature humaine, après avoir dit : « Je n'obéirai pas, ajoute : Je ne subirai pas la « peine de ma désobéissance. Voilà ce qu'on « peut bien appeler le péché d'un nombre « infini de personnes qui ne sont sur la terre « que pour recevoir les tributs du travail « d'autrui, sans jamais payer du leur ; qui « n'ont point d'autre emploi dans leur con- « dition que de jouir des commodités, des « aises et des douceurs de la vie ; dont le plus « grand soin et la plus importante affaire est « de couler le temps.

. . . .

« Si une parole oiseuse doit être condamnée, « que sera-ce d'une vie toute entière où Dieu « ne trouvera rien que d'inutile.

« Mais je suis riche ; pourquoi m'obliger au « travail quand j'ai du bien plus que suffisam- « ment pour vivre ? — Parce que tous les « biens du monde ne peuvent nous soustraire « à la malédiction du péché. En disant : J'ai « du bien, donc je ne dois pas travailler, vous

« raisonnez aussi mal que si vous disiez : Donc « je ne dois pas mourir, car l'obligation du « travail et la nécessité de la mort tiennent le « même rang dans les divins décrets. »

Tempérance et travail, voilà une double loi qui fait le fond du christianisme et que les riches, pour la plupart, méconnaissent et violent outrageusement tous les jours. Ceux qui ne la méconnaissent pas l'observent si peu et si mal qu'on peut se demander en quoi consiste leur christianisme.

Il faut bien avouer qu'aujourd'hui nous prenons et nous laissons dans l'Évangile ce qu'il nous plaît. Nous nous formons tous les jours de nouveaux prétextes pour engager notre raison dans le parti de notre passion et nous y réussissons si bien que notre simili-christianisme n'emprunte presque plus rien à l'Évangile.

Qu'arriverait-il si tous ceux qui ne sont pas absolument dépourvus des biens de ce monde comprenaient leur devoir et s'efforçaient de le remplir ?

La suppression des consommations abusives

rendrait aux travaux utiles une masse de travailleurs qui ne sont occupés qu'à procurer aux riches le mauvais luxe qui cause aujourd'hui notre ruine. Administrateurs comptables de leurs biens, obligés de leur faire produire tout ce qu'ils peuvent produire, les propriétaires ne pourraient pas trouver assez de bras pour les seconder dans la charge qui leur incombe. Le règne de la tempérance et du travail amènerait l'abondance des biens dont les hommes ne peuvent se passer. La vie matérielle deviendrait presque aussi facile pour les déshérités que pour les riches. La richesse ne dispensant ni de la tempérance, ni du travail, la convoitise ne serait pas surexcitée comme elle l'est, et nous connaîtrions la paix sociale.

Cet idéal, nos ordres religieux catholiques essaient de nous le montrer.

Chez nos religieux, chez nos religieuses, les supérieurs n'ont que le nécessaire et ne mènent pas une vie plus molle, plus oisive que la vie du plus humble des membres de la communauté. S'ils sont dispensés des travaux manuels auxquels les moins bien partagés sous le rapport de l'intelligence sont obligés de vaquer, c'est afin de pouvoir consacrer tout leur temps à des travaux d'une plus grande importance, c'est, en réalité, pour se livrer à un plus rude labeur.

Il devrait en être de même dans la société civile. Nos religieux ne font que serrer d'aussi près que possible la ligne droite. Ce sont de rigoureux observateurs du droit. Pour combattre le bon combat, ils font comme ces bataillons, qui, au moment de faire un effort suprême, se débarrassent des *impedimenta*. Nous ne sommes pas tous appelés à nous débarrasser de ces *impedimenta*. Que deviendrait une armée si tout le monde abandonnait les bagages? Je ne viens donc pas dire que la pauvreté absolue, la chasteté absolue, l'obéissance absolue de nos religieux et de nos religieuses doivent être imités par tous. Ce sont des moyens énergiques d'atteindre le but qui ne sont pas faits pour tous. Mais ne confondons pas les moyens avec le but. Les trois vœux de religion sont des moyens; marcher dans la voie droite, voilà le but ici-bas. Quelque soit l'état de vie que nous ayons embrassé, notre but à tous est le même. Les conseils évangéliques s'adressent à tous les chrétiens, et tous, avec la charge de nos biens, en menant la vie de famille et en conservant une liberté d'action grosse de dangers, nous devons suivre la voie étroite qui constitue le droit.

On a tort de croire que cette sorte d'égalité dans la vie matérielle qui règne parmi nos religieux, sans exclure les subordinations nécessaires et le respect auquel les supérieurs ont droit, n'est point de mise dans la société laïque. N'était-ce pas à des gens du monde que Bourdaloue disait en plein XVIIe siècle : « C'est une « grande illusion de croire que dès lors qu'on « est riche l'on ait le droit de vivre plus somp- « tueusement, plus voluptueusement, plus « grassement, et que le luxe, la dépense, la « bonne chère doivent croître à proportion des « biens. » Oui, c'était à des gens du monde, et ces hommes n'en étaient pas révoltés. Ils savaient que la doctrine de ce grand religieux était la doctrine de saint Paul qui, dans sa seconde épître aux Corinthiens que nous avons déjà citée, veut qu'une sorte d'égalité règne parmi les fidèles, souhaitant qu'il en soit des biens de ce monde comme de la manne : « Celui qui en recueillait beaucoup n'en avait « pas plus que les autres, et celui qui en avait « peu n'en avait pas moins. »

De nos jours, ces vérités, qui se faisaient entendre il y a deux siècles, sont tombées dans un profond oubli. Elles paraissent si amères et si fâcheuses qu'on n'ose plus, pour ainsi dire, les faire retentir dans la chaire chrétienne.

Elles constituent cependant le *fond* même du christianisme.

En voulez-vous la preuve ?

Cherchez ce sur quoi nous serons interrogés au jour du grand jugement.

Il semble qu'on ne nous demandera qu'une seule chose, et qu'il ne s'agira que de savoir si nous avons été comme ce sage et fidèle administrateur que le Père de famille a établi sur sa maison, afin qu'il fournisse à chacun, quand il le faut, de quoi se nourrir.

Si, économes infidèles, nous avons détourné

à notre profit singulier des biens que nous ne détenions que pour l'utilité de tous, le Juge suprême nous dira : « Retirez-vous de moi, maudits, allez au feu éternel.... J'ai eu faim et vous ne m'avez pas donné à manger; j'ai eu soif et vous ne m'avez pas donné à boire... J'ai été nu et vous ne m'avez pas vêtu.

Voilà la formule de l'arrêt.

L'Évangile ne nous dit pas qu'aucun autre chef d'accusation que celui qui est visé dans cette formule sera relevé contre nous.

La morale évangélique, me dira-t-on, est la perfection même et on ne peut demander la perfection aux sociétés humaines. On ne se trouve jamais ici-bas qu'en présence d'un bien relatif.

Mais qui parle d'atteindre, ici-bas, la perfection? On ne peut espérer qu'une chose : Voir les sociétés humaines, éclairées sur la fin de ceux qui les composent, tendre à cette perfection.

C'est cette tendance qu'il faut promouvoir.

Il n'est pas nécessaire pour cela de faire surgir, au milieu des coteries qui nous divisent, quelque nouvelle coterie. Il faut devenir de *vrais* chrétiens.

On ne peut pas faire un choix parmi les préceptes de l'Évangile, accepter les uns et rejeter les autres. Tout ou rien. Pas un iota, pas une virgule ne sera rejetée de la loi, nous dit Notre-Seigneur. Celui qui violera le plus petit des commandements sera le plus petit, c'est-à-dire ne sera pas admis dans le royaume des cieux. « Le ciel et la terre passeront, mais « mes paroles ne passeront pas. »

Telle est la seule, telle est l'unique solution de la question sociale.

Toux ceux qui ont répudié Dieu et son Christ ont toujours beaucoup promis, mais, en fait, ils n'ont jamais rien donné.

A cette heure même, qui est-ce qui donne aux déshérités, aux pauvres, à ceux qui souffrent, le labeur de toute sa vie, se contentant d'un grossier vêtement et de quelques bouchées de pain? — Le religieux et la religieuse.

Vous me direz que ceux qui, dans le monde, s'abritent sous la même bannière ne leur ressemblent guère. Je vous le concède, et voilà le mal.

Si dévoyée pourtant que soit cette portion de la société qui se dit et voudrait se croire chrétienne, c'est encore elle qui est la moins dure aux deshérités. Attendez que la femme, qui est demeurée plus chrétienne que l'homme, ait à son tour renié Dieu et son Christ, et vous verrez la nature humaine glisser plus rapidement sur cette pente qui nous ramène visiblement aux abominations du monde païen.

Notre société moderne ne vit que des miettes de l'Évangile, et si on parvenait à les lui arracher, ce ne serait bientôt plus qu'un cadavre.

Que la société moderne, au lieu de se contenter des quelques miettes dont elle peut à peine vivre, tourne ses regards vers Celui qui peut seul la rassasier; que la masse des hommes estime, aime, pratique la pauvreté; que le riche se croie obligé au travail tout comme s'il était pauvre; que nous ne puissions souffrir, tous tant que nous sommes, qu'il y ait au milieu de nous un seul mendiant, un seul indigent, et la question sociale sera non-seulement résolue, mais on aura peine à comprendre qu'on ait jamais pu voir un problème à résoudre dans la matière qui nous occupe.

CHAPITRE X.

Les Palliatifs.

En attendant une renaissance chrétienne qu'il faut espérer contre toute espérance, que faire ?

Il faudrait, avant tout, pour permettre à l'apostolat de poursuivre son œuvre, une accalmie qui laissât à son zèle un champ plus libre que celui sur lequel il peut s'exercer maintenant.

Notre société française n'est rien moins aujourd'hui qu'une société.

Qu'est-ce, en effet, qu'une société ?

C'est la réunion d'un certain nombre d'hommes qui tendent à une fin commune par des moyens communs.

Il suffit, pour ébranler une société, que les membres qui la composent ne soient pas d'accord sur les moyens qui doivent les conduire à leur fin. Quand la division porte, non pas seulement sur les moyens d'atteindre la fin commune, mais sur cette fin elle-même, la société n'est plus alors une société. Ce n'est plus qu'une réunion d'hommes en lutte les uns contre les autres, parce que n'ayant plus le même but, ils ne peuvent marcher dans la même voie. La force brutale, seule, maintient un semblant de cohésion entre cette poussière humaine. Qu'un accident paralyse la force brutale, et c'en est fait du tout.

Ne soyons donc pas étonnés si des politiques clairvoyants ont cru devoir, autrefois, combattre l'hérésie comme un attentat contre la société à la garde de laquelle ils étaient préposés. Ils ne se trompaient pas sur le danger que l'hérésie faisait courir à la société, puisque l'erreur, ainsi dénommée, porte, ou sur les moyens qui doivent nous conduire à notre fin, ou sur la fin elle-même pour laquelle nous sommes créés, et ne peut manquer, par conséquent, de jeter le trouble dans une association qui n'a d'autre raison d'être que de faciliter à ceux qui en font partie l'obtention de cette fin. Ils se sont trompés trop souvent sur la manière de remplir le devoir qui leur était imposé, parce qu'ils oubliaient que la force brutale ne suffit pas à conquérir les âmes. La persuasion et les bienfaits, le désintéressement et la patience, voilà les armes que l'Évangile nous met en main. Les plus grands efforts de la violence n'aboutissent qu'à faire des hypocrites.

Avons-nous quelque chance de maintenir, à cette heure, malgré nos profondes divisions, le semblant de société politique auquel tous les bons Français se rattachent encore désespérément ? — Là est toute la question.

Le sentiment national n'est pas éteint dans les masses. C'est la branche de salut qui nous reste.

Il me semble qu'en faisant appel au patriotisme, on pourrait grouper une majorité sur un terrain commun, et obtenir, sans demander à personne de faire litière de ses souvenirs et de ses espérances légitimes, une paix relative qui nous permettrait de sauvegarder notre existence nationale. Car, ne nous y trompons pas, si nous continuons à nous tordre dans les abominables luttes qui nous épuisent, nous deviendrons infailliblement la proie de l'ennemi du dehors.

Cherchons donc dans quelles conditions nous pourrions grouper les hommes de bonne volonté qui sentent, comme nous, le péril auquel nous exposent nos luttes incessantes.

Ceux qui vivent de la politique comme d'un métier s'élèveront tous contre nous ; mais ceux qui sont pillés et non pillards, et pour qui le culte de la patrie l'emporte encore sur le culte du veau d'or, ne refuseront pas de nous entendre.

Arrière toute pensée de faire des dupes ! C'est une union loyale entre citoyens qui veulent demeurer libres dans un libre pays qu'il faut tenter résolument. Ce ne sera pas l'œuvre d'un jour, ni d'une année.

Sur quoi sommes-nous d'accord, nous tous qui ne sommes rien moins que des politiciens?

Nous sommes tous d'accord pour demander à la puissance publique, quelles que soient les mains qui la détiennent, d'assurer la sécurité extérieure de l'État, de maintenir la sécurité intérieure, de rendre la justice et de se charger de certains services qui dépassent les moyens dont peuvent user les individus, alors même qu'ils parviennent à se grouper.

Pourquoi ne pas réduire les détenteurs du pouvoir à n'intervenir que dans les matières sur lesquelles nous n'avons pas cessé de nous entendre ? — Nous vivrions en paix les uns avec les autres.

En parlant ainsi, je ne demande que ce que demandent les économistes. Les chrétiens devraient les considérer comme de précieux alliés, car personne ne combat plus vaillamment qu'eux ce nouveau dieu qu'on voudrait nous imposer par la force : le dieu État.

Il y a des économistes, il est vrai, qui à tout propos, et hors de propos, attaquent la religion universelle. Ce n'est pas une raison pour médire de l'économie sociale. Il y a des astronomes, des naturalistes, qui prennent prétexte de la science qu'ils cultivent pour se livrer à des attaques du même genre. On ne s'en prend pas alors à l'astronomie, non plus qu'à l'histoire naturelle. On se contente de faire remarquer à ces hommes égarés qu'ils nous donnent des *rêves* pour des réalités et cessent, en pareil cas, d'être des astronomes ou des naturalistes. Agissons de même avec les économistes qui attaquent la doctrine chrétienne. Prouvons à ces économistes qu'ils se placent en dehors des faits que la science dont ils se couvrent cherche à constater; prouvons-leur qu'ils sont hors de raison; mais ne nous en prenons pas à l'économie sociale.

Au lieu de honnir les économistes, étudions et vulgarisons leurs doctrines sur le rôle de l'État.

Ce rôle, pour tout homme de bon sens, ne saurait avoir la même étendue dans tous les temps et dans tous les lieux. On ne doit vouloir et on ne doit tenter que le bien possible. Tenter l'impossible est une faute, cette tentative n'eût-elle d'autre conséquence que le vain emploi de forces qui, autrement appliquées, eussent produit des résultats utiles.

On veut tenter aujourd'hui l'impossible, car chaque parti ne prétend à rien moins qu'à plier, en tout, à sa fantaisie, toutes les volontés.

Les amis de la justice, en France, dans la situation où nous sommes, ne devraient pas hésiter à se rallier à quiconque, pour un motif ou pour un autre, veut circonscrire les attributions de l'État dans les limites que nous venons d'indiquer.

Beaucoup de ceux qui ne veulent pas à cette heure qu'on touche à ces attributions obéissent à des préoccupations chimériques. Ils espèrent pouvoir dire demain : L'État, c'est moi, et ils pensent que les entraves qu'on voudrait imposer à la puissance publique seraient alors un obstacle insurmontable au bien qu'ils méditent.

Quand bien même les adversaires des hommes qui gouvernent en ce moment seraient au pinacle, que feraient-ils ?

Les nouvelles restaurations qu'on rêve, car il faut appeler les choses par leur nom, dureraient moins longtemps encore que la Restauration de 1815. Il faut que l'unité rentre dans les âmes avant que la stabilité puisse devenir l'attribut incontesté de nos institutions.

Cessons de rêver, ouvrons les yeux, et ne cherchons pas ce qu'on pourrait faire dans un avenir éloigné et dans un concours de circonstances qui ne se produira peut-être jamais. A chaque jour suffit sa peine.

Commençons par opposer au parti des hommes de proie le parti des hommes de désintéressement, que je n'ose appeler le parti libéral, parce que ceux qui se sont couverts de cette étiquette, dans ces derniers temps, l'ont trop souvent déshonorée.

Bien des gens seront décontenancés par une pareille attitude. Nous verrons plus d'un soi-disant conservateur, qui pontait sur la blanche comme il aurait ponté sur la rouge, se séparer avec éclat de ceux qu'il appelait ses amis, du moment où ceux-ci cesseront d'avoir pour objectif la conquête de la toison d'or.

Nous perdrons quelques frelons cherchant à butiner, mais nous gagnerons, en revanche, de nombreux travailleurs qui, voyant que nous luttons, non pas dans notre intérêt personnel, mais dans l'intérêt de tous, comprendront que leur place est dans nos rangs.

Adressons-nous à ces hommes qui ne sont rien moins que des parasites, qui n'ont nulle envie de le devenir, et qui, dans les ténèbres où l'irréligion les a jetés, cherchent de bonne foi, et eux aussi avec désintéressement, l'amélioration du sort de l'homme.

A ces amis de la justice, nous dirons : Nous ne méconnaissons pas les griefs que la critique socialiste a fait valoir contre l'usage que font des instruments de production ceux qui les détiennent, mais ce n'est pas dans la voie où veulent vous entraîner les chefs du parti socialiste que vous trouverez la réparation des torts dont vous êtes les victimes. Leur système n'aboutit qu'à un changement de personnes. Ils veulent tout simplement faire disparaître les propriétaires actuels, fonctionnaires créés par la nature, pour les remplacer par d'autres fonctionnaires de leur création et à leur dévotion.

La mesure est aussi sage que celle qui consisterait à remplacer tous les pères de familles par des argousins. Il y a des pères coupables qui ne remplissent pas la fonction dont la nature les a investis. Est-ce une raison pour détruire la puissance paternelle? (1) Que deviendrait notre pays, si, demain, non pas seulement les pères indignes, mais tous les pères étaient remplacés par des geôliers ?

Il y a des propriétaires qui remplissent horriblement mal la fonction dont ils sont investis, je me garderais bien de le nier; est-ce une raison pour remplacer les propriétaires, tous tant qu'ils sont, par les fruits secs de l'école ou de l'atelier qui convoitent une fonction comme une proie?

(1) Lorsqu'un enfant de moins de seize ans, par exemple, a commis un crime ou un délit, et qu'on peut croire qu'il a agi sans discernement, le tribunal qui l'acquitte et qui est convaincu qu'il ne peut recevoir dans la maison paternelle qu'une détestable éducation, le tribunal, dis-je, au lieu de faire remettre cet enfant à ses parents, se résigne à le faire conduire dans une maison de correction. On sait le beau résultat qu'on obtient.

Dans ce temps d'universelle défaillance, l'agitation socialiste, sachons-le reconnaître, a son utilité. Elle nous fait sentir ce qu'il y a de profondeur dans ces mots de saint Paul : *Nam oportet et hæreses esse*. Il faut qu'il y ait même des hérésies parmi vous.

Le socialisme athée est la grande hérésie de ce temps, et, aux sinistres lueurs qu'il projette, nous tous qui fermions les yeux à la lumière de l'Évangile, nous commençons à apercevoir que le *Væ vobis divitibus*, Malheur à vous riches, et le *Beati pauperes*, Bienheureux les pauvres, ont une toute autre portée que nous ne voulions le croire.

Efforçons-nous de faire comprendre aux hommes de bonne foi que le socialisme qui les séduit n'aboutit qu'à remplacer de nombreux parasites par des parasites plus nombreux et plus voraces, et convions-les tous à faire, avec nous, la guerre au parasitisme.

A côté des fonctions dont les hommes se trouvent investis par une loi de la nature, il y a des fonctions qui n'ont d'autre raison d'être que la volonté des pouvoirs publics. Comme tout ce qui dérive d'une loi naturelle, les fonctionnaires créés par la nature s'imposent. On ne les supprime pas sans tuer la société dont ils sont partie intégrante. On peut supprimer, au contraire, sans inconvénient, les fonctionnaires qui ne sont qu'une création arbitraire et injustifiée des hommes ou des factions qui détiennent les pouvoirs publics. Ce sont ces fonctionnaires qu'il faut travailler à éliminer.

Tous ceux qui ne déblatèrent pas contre les parasites actuels, dans l'unique but de prendre leurs places, peuvent, sans grand'peine, être amenés à reconnaître que l'État s'est surchargé de services qu'on n'en doit pas attendre, parce que les particuliers, du jour où ils seraient libres de s'associer, pourraient y pourvoir mieux que lui et à moins de frais.

En déchargeant l'État des soins qu'il usurpe, on échapperait à la tyrannie et on échapperait, en même temps, à l'exploitation.

Mais comment amener l'État à exécuter sur lui-même une opération qu'il regarde comme une décapitation? — Le guillotiné par persuasion est une farce qui ne se joue que sur les théâtres de la foire. On aurait tort d'espérer que l'État se prêtera jamais de bonne grâce à une pareille opération. Le suffrage universel, seul, par la main de ses mandataires, peut la pratiquer.

Nous nous heurtons là à une grosse difficulté. Libre, en apparence, le suffrage universel n'est pas libre en réalité. L'État, par quelques-unes de ses créatures, est parvenue bien vite à se rendre, en temps ordinaire, à peu près maître du corps électoral. Pour que le suffrage universel puisse remplir librement son rôle, il faut le débarrasser tout d'abord de ceux qui, au lieu d'être ses serviteurs, ne sont que ses empoisonneurs.

Ce serait perdre son temps que de s'en prendre uniquement à une abstraction. Or, on ne s'en prend qu'à une abstraction quand on se contente d'attaquer un être de raison comme le parasitisme. Il faut s'en prendre à des réalités palpables, et je dis : palpables, parce qu'il est nécessaire que chacun de ceux auxquels on s'adresse ait ces réalités sous la main.

Le plus connu des parasites est à coup sûr le sous-préfet. Si nous parvenions à nous en débarrasser, nous serions délivrés d'un fonctionnaire dont l'entretien est assez lourd, et, d'autre part, ce qui est plus important, nous ferions tomber quelques-unes des entraves qui paralysent la libre manifestation de la volonté nationale. Trois raisons pour une qui nous démontrent la nécessité de nous attaquer d'abord aux sous-préfets.

Personne n'a jamais pu donner un motif avouable pour expliquer comment l'État s'obstine à procréer des fonctionnaires de cette espèce. Une simple réflexion suffit pour faire sentir à tous qu'ils sont inutiles pour le bien.

Qui veut devenir savetier doit s'astreindre à tirer le ligneul pendant quelque temps sous un maître. Pour devenir sous-préfet on se passe de tout apprentissage (1). En réalité, le

(1) Un personnage influent demandait, un jour, à un ministre de l'intérieur de confier un emploi quelconque à un jeune homme auquel il s'intéressait. — Votre jeune homme, lui dit le ministre, est avocat? — Non, M. le Ministre. — Comment! Mais tout le monde, aujourd'hui, est licencié en droit. Il est bachelier ès-lettres, je suppose? — Ce garçon était d'une santé délicate et sa

sous-préfet ne sert qu'à galvauder le suffrage universel. Est réputé le plus habile qui galvaude le mieux.

J'ai connu cependant, je m'empresse de le dire, des sous-préfets gens de cœur et d'esprit. Ils n'ont pas vieilli dans la carrière.

Un beau jour, dans un moment d'honnêteté, la Chambre des Députés supprima les sous-préfets, sur la proposition du regrettable et regretté Raoul-Duval. La majorité qui avait fait ce beau coup ne tarda pas à reconnaître que, si la mesure était honnête, elle ne lui serait pas profitable ; que, n'étant pas travaillé par les sous-préfets, le peuple français serait capable, à un moment donné, de dire tout haut ce qu'il pense tout bas, et, sans la moindre vergogne, cette majorité se déjugea du jour au lendemain.

Quand l'électeur qui n'aspire pas aux

famille a été dans la nécessité de lui faire interrompre ses études. — Ah, mais ! voilà qui devient embarrassant. Votre jeune homme, j'imagine, sait l'orthographe ? — L'orthographe ? l'orthograppe ordinaire ? Oh ! je le pense. — Dans ce cas-là, s'exclama le ministre, je n'en puis faire qu'un sous-préfet !

fonctions publiques comprendra le rôle du sous-préfet, la proposition de Raoul-Duval reprise par un honnête homme, finira bien par triompher.

Après cette victoire nous aurions une Chambre des Députés infiniment plus indépendante que les assemblées auxquelles elle succèderait, parce que, dans cette chambre, la majorité ne devrait plus son élection, aussi complètement que par le passé, à la faction détentrice du pouvoir.

On commencerait à sentir, alors, le ridicule d'une loi électorale qui confie, comme aujourd'hui, la nomination de ceux qui doivent contrôler les agissements de l'État à ceux-là même sur lesquels le contrôle doit s'exercer.

Pourquoi ne pas dénier l'exercice du droit électoral à nos fonctionnaires civils comme on l'a dénié à nos officiers et à nos soldats sous le drapeau ?

Supposez une chambre élue dans les conditions que nous imaginons, la suppression des sinécures ne rencontre plus une opposition invincible. A la merci des adversaires du parasitisme, nos ministres y regarderaient à deux fois pour créer des employés n'ayant d'autre tâche que d'émarger. Qui sait ce que deviendraient alors les sept dixièmes des employés des ministères, un certain nombre de préfets et tous nos conseillers de préfecture ?

L'étude des parasites procréés pour satisfaire les appétits des factions triomphantes exigerait des volumes. Qu'on me permette seulement de dire deux mots, en passant, de la suppression des conseils de préfecture.

Cette institution, propre à la France, est tombée dans un profond discrédit. On a peine à concevoir comment on n'a pas depuis longtemps attribué, comme autrefois, les fonctions juridiques des conseils de préfecture aux tribunaux. Cela n'empêcherait pas, d'ailleurs, de diminuer notablement, par la suite, le nombre de ces derniers, tout aussi bien que le nombre des justices de paix.

Les prétextes à l'aide desquels on a constitué les conseils de préfecture sont curieux. « Sous le régime qui a précédé la Révolution, « disait Rœderer (*Mon.* du 18 pluviôse,

« an VIII), une grande partie du contentieux « de l'administration était portée devant les « tribunaux qui s'étaient fait un esprit con- « traire à l'intérêt du trésor public. Leur par- « tialité détermina l'assemblée constituante à « réunir le contentieux de l'administration « avec l'administration elle-même. »

Il aurait été bien plus honnête et plus simple de dire : Les tyrans s'accommodaient d'une justice impartiale, osant protéger le citoyen contre les excès de l'administration, mais nous, les libérâtres, nous ne saurions nous en accommoder, et nous voulons que désormais l'administration soit juge et partie toutes les fois qu'il y aura opposition d'intérêts entre elle et un simple citoyen.

Ce fait montre, une fois de plus, que nos révolutionnaires ne détruisent le pouvoir absolu qu'en apparence et qu'ils le restaurent sournoisement, tant qu'ils peuvent, dans la pratique.

Ces émondages pratiqués le plus difficile ne serait pas fait.

Qui a jamais assisté à une séance de nos

Chambres sans en revenir découragé et tout à la fois humilié? — Rien ne ressemble moins que nos assemblées à des réunions d'honnêtes gens cherchant, en conscience, à s'éclairer sur les questions qu'ils sont chargés de résoudre. C'est triste à dire, mais il faut le dire : Ce sont des pétaudières où le sérieux ne paraît pas de mise. L'inattention, les interruptions ridicules, les vociférations, parfois les injures grossières échangées entre collègues, font une pénible impression sur tous les hommes de bon sens et de sens rassis qui s'aventurent au palais Bourbon, voire même au Luxembourg.

Quels sont donc les fous qui ont pu s'imaginer que des questions graves, souvent complexes, pouvaient se débattre utilement dans une réunion de 584 personnes? Lorsque l'attention publique sera dirigée de ce côté, on reconnaîtra qu'il est nécessaire, dans l'intérêt du pays, d'imposer silence aux convoitises personnelles et de réduire considérablement ce nombre extravagant. La lutte sera vive, car, pour le plus grand nombre de nos prétendus législateurs, ce sera la lutte pour la vie. On verra de quel poids pèse, chez beaucoup d'hommes politiques, l'intérêt public quand il est contraire à leur intérêt personnel. Mais le suffrage universel, débarrassé des étreintes qui le paralysent, ne se laisserait pas jouer indéfiniment, à coup sûr, par ses mandataires.

Il est plus facile de recruter cent hommes d'un vrai mérite que d'en recruter cinq cent-quatre-vingt-quatre. A ce premier et incontestable avantage de la réforme s'en joindrait un autre non moins appréciable. La responsabilité, moins éparpillée, pèserait d'un plus grand poids sur chacun des élus de la nation.

Le Sénat subirait un retranchement proportionnel. Un sénateur par province ecclésiastique nous suffirait.

On mettrait au rancart 284 sénateurs d'une part, 484 députés de l'autre ; cela nous ferait 768 roitelets de moins à entretenir. Nos finances s'en trouveraient bien, et les grands intérêts de la nation seraient plus sérieusement débattus.

Une assemblée d'hommes raisonnables ne serait pas pressée de fagoter des lois nouvelles. « L'histoire, disait Portalis, nous offre à peine « la promulgation de deux ou trois bonnes lois « dans l'espace de plusieurs siècles. » Voilà une vérité capitale que le plus grand nombre ignore, mais dont est profondément convaincu quiconque a consciencieusement abordé l'histoire du droit. Persuadés de cette vérité, nos représentants, au lieu de légiférer, se préoccuperaient surtout de débarrasser notre législation des abominations qui l'encombrent.

Pas n'est besoin de lois nouvelles pour nous donner les libertés nécessaires. Il suffirait d'*abroger* un fatras de dispositions oppressives contre lesquelles toutes les factions, tant qu'elles n'ont pas été la faction triomphante, n'ont pas cessé de protester. Cela pourrait se faire sans grand bruit. On n'aurait qu'à copier, en la modifiant légèrement, une ordonnance du 20 août 1824, et à reprendre en sous-œuvre les travaux de la Commission instituée par cette ordonnance, commission qui s'est trouvée dissoute par les évènements de 1830, et qu'on a lâchement renoncé depuis lors à réorganiser.

Une longue oppression nous a habitués à penser que tout « tout ce que nous avons vient de l'État. » Cette vieille maxime du droit romain pèse toujours manifestement sur nous. Nous devons nous en dégager si nous voulons asseoir nos libertés sur de solides fondements.

Tout ce qui n'est pas défendu est permis, et nul n'a le droit de nous défendre des actes purs de toute injustice. Voilà le solide fondement de la liberté politique.

Ne nous contentons pas de la sage tolérance que quelques hypocrites nous offrent. C'est un honteux accommodement que l'honneur nous oblige à repousser.

Nous n'avons besoin que de la liberté et nous ne demandons rien autre chose.

La liberté, comme l'entendent tous les chrétiens, est un fruit de l'Évangile, tout comme l'égalité et la fraternité. C'est sottise pure à des chrétiens de se laisser attaquer avec ces grands mots. Revendiquons donc les armes que Jésus-Christ nous a données et que ses adversaires nous ont dérobées, en en dissimulant l'origine, comme font tous les voleurs.

Quand nous délivrera-t-on de l'article 291 du code pénal? — Cet article est ainsi conçu : « Nulle association de plus de vingt personnes, « dont le but sera de se réunir tous les jours « ou à certains jours marqués, pour s'occuper « d'objets religieux, littéraires, politiques ou « autres, ne pourra se former qu'avec l'agré- « ment du gouvernement et sous les con- « ditions qu'il plaira à l'autorité publique « d'imposer à la société.......

« Il viendra, je l'espère, un temps, disait « M. Guizot, en 1834, où la France pourra « voir l'abolition de l'article 291 du code pénal « comme un nouveau développement de la « liberté. » Plus d'un demi siècle s'est écoulé depuis lors et les fameux libéraux, qui ont successivement tenu nos libertés en main, se sont bien gardés d'abroger ce perfide article. On ne parle même pas de son abrogation aujourd'hui où la majorité de nos chambres est composée de ces hommes qui applaudissaient, il y a vingt et quelques années, la *Politique radicale* de M. Jules Simon, et qui revendiquaient, en vertu des principes, la liberté totale. « En matière de droit de réunion, de droit d'association, la liberté totale, » disaient-ils; « en matière d'enseignement, la liberté totale; en tout et partout la liberté totale! » Leur programme était aussi simple et aussi monotone que les litanies; ils le disaient et ils s'en faisaient gloire. Nous pouvons constater maintenant que ce beau programme n'était que *mensonge* et qu'*hypocrisie.*

Hier, ces mêmes hommes qui, naguère, réclamaient l'élection des juges et la généralisation du jury, s'essayaient à dérober quelques infractions à la compétence de la cour d'assises; et ils n'ont pas la pudeur de demander à changer de nom!

L'égalité n'est pas plus respectée par eux que la liberté.

Une puissante corporation a abrogé, de son autorité privée, deux articles du code pénal. Cela se passait sous l'Empire.

Le 8 novembre 1852, la chambre syndicale

des agents de change, au mépris des articles 421 et 422 du code pénal, prenait une décision imposant à tout spéculateur à terme une couverture de 150 fr. par action de chemin de fer. Tout ce qui vit de l'agiotage trouva que la chambre syndicale interprétait avec une grande largeur de vue notre loi pénale. Les hommes indépendants se récriaient, demandant comment cette corporation, dont je n'entends pas attaquer l'honorabilité, pouvait ainsi se moquer et de la loi et de ceux qui étaient chargés de la faire observer. Parmi ceux qui s'élevaient le plus violemment contre cet acte audacieux, plusieurs sont maintenant au pinacle. Ont-ils essayé de ramener la chambre syndicale à l'observation des articles 421 et 422? — Pas le moins du monde. Ils ne soufflent mot.

Comment cela se fait-il?

Laissons de côté les agents de change que tout le monde, malgré cette incartade, regarde comme des réguliers, et jetons un coup d'œil sur ces bandes d'aigrefins qui ont fait de la Bourse de Paris une caverne de voleurs,

Il ne s'agit pas de faire ici, même très sommairement, l'histoire de l'agiotage pendant ces dernières années. Je n'ai d'autre dessein que d'éveiller l'attention, une fois de plus, sur les immunités dont jouissent, à la honte de ceux qui les tolèrent, les escrocs qui opèrent à la Bourse.

Personne, en France, n'est censé ignorer la loi. Quand on jette les yeux sur notre *Bulletin des lois* on est toujours tenté cependant de trouver excessive cette fiction nécessaire. De fait, je ne connais aucun homme qui puisse se vanter d'avoir lu d'un bout à l'autre ce prodigieux *Bulletin*. Nos cinq codes ont des lecteurs, mais le nombre en est plus restreint qu'on ne pense. J'ose même affirmer que parmi les licenciés en droit, un bon quart, sinon plus, n'a jamais lu les 484 articles du code pénal. Qu'on veuille bien, dès lors, me pardonner, si, malgré la fiction qui tient toujours état, je ne juge pas inutile de transcrire ici les articles 419, 421 et 422 de ce code :

« Article 419. — Tous ceux qui par des faits

faux ou calommieux semés à dessein dans le public, par des sur-offres faites aux prix que demandaient les vendeurs eux-mêmes, par réunion ou coalition entre les principaux détenteurs d'une même marchandise ou denrée, tendant à ne la vendre qu'à un certain prix, ou qui par des voies ou moyens frauduleux quelconques, auront opéré la hausse ou la baisse du prix des denrées ou marchandises, ou des papiers ou effets publics au-dessus ou au-dessous des prix qu'aurait déterminée la concurrence naturelle et libre du commerce, seront punis d'un emprisonnement d'un mois au moins, d'un an au plus, et d'une amende de 500 fr. à 10,000 fr.............. ....

« Article 421. — Les paris qui auront été faits sur la hausse ou la baisse des effets publics seront punis des peines portées par l'article 419.

« Article 422. —Sera réputé pari de ce genre toute convention de vendre ou de livrer des effets publics qui ne seront pas prouvés par le vendeur avoir existé à sa disposition au temps de la convention, ou avoir dû s'y trouver au temps de la livraison. »

Où est le menteur qui oserait soutenir que ces trois articles ne sont pas tous les jours effrontément violés ?

J'achète sur la voie publique un journal d'un sol, et je lis cette annonce à la quatrième page : « *4,000 francs à gagner en cinq jours de bourse avec 100 fr. (sans risques à courir).* » Sur le même journal, à la même page, je lis cinq autres annonces du même genre.

Personne n'imaginera qu'on puisse opérer de manière à obtenir des résultats qui approchent de ceux-là sans violer les articles 419, 421 et 422 du code pénal, que nous venons de citer. Si c'est en violation de ces articles que les merveilleux résultats qu'on fait miroiter aux yeux des imbéciles sont obtenus, comment se fait-il que les gens qui les obtiennent et leurs complices échappent continuellement à la vindicte des lois?

Si ces annonces ne sont que des leurres (ce qu'on peut admettre sans être un sceptique endurci), est-ce que ceux qui en usent au grand jour ne devraient pas tomber, parfois, sous le coup de l'article 405 qui punit l'escroquerie et la tentative d'escroquerie ?

Comment se fait-il que la police judiciaire, si rigide pour les petits voleurs qui font le mouchoir, n'essaie même pas de contrarier ces belles industries ?

Je ne dis pas qu'il n'y ait jamais eu de tentative de répression, mais c'est si rare ! Et puis, quand par hasard une action est intentée, voyez le résultat.

Une condamnation pour escroquerie est prononcée par un tribunal ; une cour d'appel confirme ; la cour de cassation rejette le pourvoi du condamné... Le pouvoir exécutif n'exécute pas ! — Bien mieux ! Le condamné pose sa candidature à la Chambre des Députés, et, candidat favori de l'exécutif, il l'emporte sur tous ses concurrents. — C'est une histoire d'hier.

Tout cela n'est pas suffisant néanmoins pour expliquer l'inaction habituelle du ministère public,

Qui retient son bras ?

La réponse est sur toutes les lèvres, mais toutes les lèvres ne la laissent pas échapper.

Un membre de l'Institut, professeur au collège de France, a eu, lui, le courage de la donner. Cela lui a coûté la députation. On a trouvé, pour priver M. Leroy-Beaulieu du siège qui lui était acquis, une majorité dont l'arithmétique n'est évidemment pas celle de tout le monde.

Voici cette réponse. Elle a soulevé bien des colères, mais des colères *sourdes*.

« L'État laisse de prétendus financiers, avec « le secours d'une presse vénale, dérober au- « dacieusement, publiquement, les épargnes « des petites gens ; il ne fait aucun effort pour « arrêter les spoliations dont il est le témoin « et dont beaucoup de membres des assem- « blées législatives, en leur qualité d'hommes « privés, il est vrai, sont les complices et les « bénéficiers. L'État qui punit sévèrement « l'escroc de bas étage et le voleur vulgaire, « respecte, honore, charge de décorations et « de cordons les grands détrousseurs du

« public. La corruption des sociétés anonymes « est aujourd'hui la cause principale, presque « la seule, des énormes fortunes. Mais com- « ment l'État s'occuperait-il de couper court à « ces scandales, comment ne les couvrirait-il « pas de l'impunité quand sur huit cents mem- « bres d'un parlement, plus du tiers, peut- « être plus de la moitié, participe aux syndi- « cats, aux fondations, aux émissions, aux « razzias de primes. » (1)

Les choses étant ce qu'elles sont, n'est-il pas grand temps que les hommes qui ne veulent ni spolier autrui, ni se laisser spolier, s'unissent pour couper court au pillage, pour en finir avec les grands détrousseurs du public ?

Le socialisme qui n'a d'autre raison d'être que les griefs que lui fournit notre société de plus en plus démoralisée ne tarderait pas à s'affaiblir dans la mesure où les légitimes sujets de plainte lui feraient défaut, et, pendant l'accalmie qu'un peu plus de justice nous donnerait, la vérité ferait son chemin.

(1) *Essai sur la répartition des richesses*, par P. Leroy-Beaulieu, pp. 566-567.

Une aurore nouvelle se lèverait pour notre pays. Eclairé par les faits, le peuple Français finirait par comprendre ces belles paroles arrachées à Montesquieu par l'évidence : « Chose admirable! La religion chrétienne qui « ne semble avoir d'objet que la félicité de « l'autre vie, fait encore notre bonheur dans celle-ci. » (1)

Alors, on pourrait dire pour tout de bon : *Il n'y a pas de question sociale.*

(1) *Esprit des Lois*, liv. XXIV, ch. III.

www.ingramcontent.com/pod-product-compliance
Ingram Content Group UK Ltd.
Pitfield, Milton Keynes, MK11 3LW, UK
UKHW021059230726
13926UKWH00004B/1941

9 782013 594431